嵐山古里

ふるさと一〇八話

ふるさの よもやま話

大塚基氏

はじめに

　平成21年（2009）の10月ごろから、今まで心の片隅にあって懐かしくおもっていた子供の頃の遊びのことを、なんとなく活字にならべてみました。すると、忘れかけていた懐かしい子供のころのことが断片的に次から次へと頭の中をよぎり始めました。

　そこで、遊びだけでなく子供のころに体験し、懐かしく感じていた事柄、聞き知った事柄を断片的にでも活字にしたならば、農を中心にした集落の営み、農家の営みの香りを少しでも嗅ぐことができ、農村の生活のあり方を省みることが出来るかもと思うようになりました。

　それで、私の子供のころの時代を共にした人達が、大人も子供も共に味わい経験したであろう私ごとも含めて、昭和20～30年代の小話を『よもやま話』として108話ばかり積み重ねてみました。

　そして、嵐山町長の岩澤勝氏、埼玉県柔道連盟副会長の奥平力三先生にも、子供の頃のおもいで話を寄稿していただきました。

　この小話で、今では忘れられてしまったころの、家族や親戚や近所との付き合い、各家庭で行われていた行事を思い出したり、忘れかけようとしている農村の生活を思い起こして頂ければと思います。

　毎日がお正月のような物の豊富な時代の中で、本当の幸せは何なのかを一考してみるのも良いのではないかと思いました。

寄稿　夕餉のおもいで

嵐山町長　岩澤　勝

　夕方になると、お勝手にある竈で火をおこします。竈の前には、祖父か誰かがこしらえた、薪をくべるのにちょうど良い高さの、二人座れる腰掛がありました。

　母の隣に座り、うちわで扇いだり、吹き竹でふーと息を吹いたりして手伝います。パチパチという音がしてくると「よし」と思います。太い薪に火がついた証拠です。火の勢いが強くなると、膝や顔が熱くなってきて鼻水が出てきます。テカテカと光った袖で鼻水を拭きながら、火の加減を調整して番をします。

　お風呂も沸かし始めます。お勝手の、竈とは反対の端っこに風呂釜がありました。火を燃やしながら壁の向こうに「湯加減はどうだい」と声をかけます。「ぬるいなあ」と返事が返ってきたら、また薪を足します。昔は今みたいにお湯を毎日入れ替えません。8人9人家族が当たり前でしたので、湯船から上がるときは、体を揺すって、みんなの垢がつかないようにして出るのです。

　竈では、お湯が沸くと柄杓でポットに移します。釜は2つあり、うどんを茹でたり、お米を炊いたり、何でも作れます。竈の火が落ち着くと、十能というスコップの小さいやつで、居間の堀り炬燵へ持っていきます。お勝手は裏にあり、土間から、上がりはなという板の間を通っていくので、そこそこの距離を、火を落とさないように気をつけて運びます。堀り炬燵には灰があって、お火（薪の火）を被せたり、払ったりして、炬燵の熱さを調整できるのです。

　居間には石油ストーブがあり、その上にやかんをのせ、お湯を沸かします。ちょっとした加湿器です。あるときには鍋をのせたり、もちを焼いたりもします。風邪なんかひくと、そこで焼いたみかんを食えだの、梅干をおでこに貼れだの、葱を首に巻けだのと言って、祖母が世話をやきます。そんな格好に、半纏を着て玉子酒を飲むと、体の芯からホカホカ温まり、不思議と風邪も治る気がするのです。

　すき間風が換気の代わりとなって、仏壇のご先祖様に見守られ、家族団らんの時間が過ぎていきます。

寄稿　私の想い出

埼玉県柔道連盟副会長　奥平力三

　忘れられていた故郷の日常の出来事を、まとめてくれた著者に、心うたれまして、ふっと半世紀以上前の私を想いおこしました。

　私が小学生から中学生に入りたてまでは、学校の行き帰りはむろんのこと、誰もが日常生活では藁で作った草履を履いていました。それも自分の作ったものでした。

　その頃は、どこも砂利道でしたので一日の学校の行き帰りで駄目になってしまいます。ですから、夜になると明日履く草履を作らなければなりません。なれない藁仕事ですからたいへんです。親父に教えてもらいながら、電灯もない薄暗い上り端で（貧乏でしたので我が家には電気が入っておりませんでした）、土間で燃やす焚き火のあかりの下で泣きながら自分で履く草履を作るのが夜の日課でした。親父も隣で縄を綯っていました。懐かしく思い出されます。

　その時代はほとんどの家が夜なべ仕事をしていました。主に親父は縄ない、サンダーラ作りなど、御袋は着物の繕いごとなど…。そうした家族の一緒の時間のなかで、さりげなく人の道、善悪を躾けてくれていたのかなあと、今更ながら親のありがたさを感じるものがあります。

　科学文明が生活の進歩をもたらして、誰もが物の豊かさを謳歌する現代とはかなりかけ離れていた時代でした。そんな子供の頃のことを想い出し、その頃のことに驚き、感動しながら暫らく追懐にしたらせていただきました。

　著者の『オーさん』ありがとうございました。

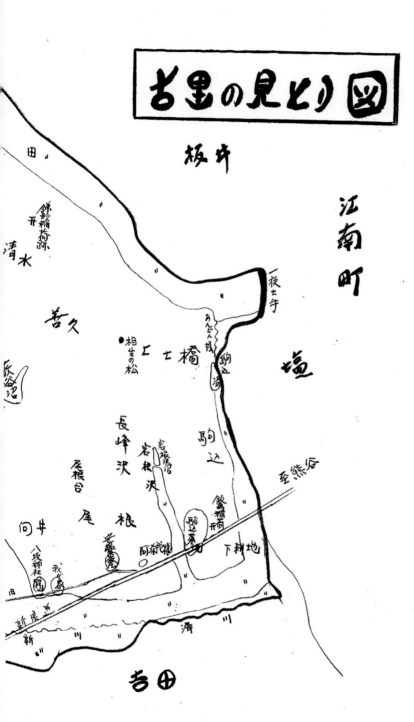

目　次

はじめに……………………………………………………………1
寄稿　**夕餉のおもいで**　……………………嵐山町長　岩澤　勝　2
寄稿　**私の想い出**　…………埼玉県柔道連盟副会長　奥平力三　3

第1章　遊び・狩り・動物……………………………………9

- 1　ぶっちゅめ（ぶっちめ）……10
- 2　昆虫採集………12
- 3　消防小屋の蛾………13
- 4　さかなとり………14
- 5　からねこ………18
- 6　じんとり………20
- 7　けだし………21
- 8　竹馬………22
- 9　どこらふきん………23
- 10　ガシャガシャとり………24
- 11　めじろとり………25
- 12　子供の夜遊び………27
- 13　ほたる………28
- 14　水あび………29
- 15　道草………31
- 16　丸木橋………32
- 17　さわ蟹とえび蟹………34
- 18　つばめ………35
- 19　ガラス笙………36
- 20　化石とり………38
- 21　ぶっつけとべーごま………39

第2章　**食べ物**……………………………………………41

- 22　うどんつくり………42
- 23　さとうだんご………44
- 24　おなめ………45
- 25　お土産のようかん………46
- 26　焼き餅………47

第3章　農業・手伝い・世話 …… 49

- 27　はなどりとしんどり……… 50
- 28　うさぎの世話……… 53
- 29　ヤギの世話……… 54
- 30　朝草刈り……… 55
- 31　薪づくり……… 57
- 32　お蚕様……… 58
- 33　背負板とやりん棒……… 64
- 34　こどもの使い……… 65
- 35　たなぐさとり……… 67
- 36　稲刈り……… 68
- 37　麦まきと手入れ……… 70
- 38　にわとり……… 72
- 39　帰ってきた伝書鳩……… 73
- 40　雨ごい……… 75
- 41　はたおり……… 77
- 42　田植え・さなぶり……… 79
- 43　溝あげ……… 81
- 44　いっそう作り……… 82
- 45　さつまいもほり……… 83
- 46　野良弁当……… 84
- 47　桑の木の皮むき……… 85
- 48　大豆はたき……… 86
- 49　こんにゃく玉干し……… 87
- 50　石うす……… 88
- 51　わら加工 ……… 90
- 52　ちょっぺ傘とござ合羽……… 93

第4章　信心 …… 95

- 53　天王様と旗持ち……… 96
- 54　四郎次さん……… 99
- 55　てんぐだんご ……… 101
- 56　氏神様と井戸さらい……… 103
- 57　古里駒込墓地……… 105
- 58　八坂神社……… 107
- 59　飯島稲荷……… 109
- 60　おまいり……… 111
- 61　藤塚の阿弥陀如来様……… 113
- 62　花祭り（灌仏会）……… 115

第5章　地理・人物 …… 117

- 63　たにあ……… 118
- 64　馬内……… 120
- 65　小便町……… 121
- 66　相生の松……… 122
- 67　ひーおばあさん……… 123
- 68　精進橋……… 124

第6章　生活・くらし……………………………………125

- 69　たなばた………126
- 70　お正月………127
- 71　やまし………129
- 72　夜まわり………130
- 73　我が家の母屋のこと………132
- 74　きのこ………134
- 75　アイスキャンデー屋さん…135
- 76　なっとう屋さん………136
- 77　盆やぐら………137
- 78　流れ人………139
- 79　粘土シャンプー………141
- 80　お風呂………142
- 81　風呂たき………144
- 82　蚊帳………145
- 83　ひるね………147
- 84　熊谷の花火………148
- 85　我家のねずみ………150
- 86　蚕屋の煙突と屋根裏………152
- 87　屋根の葺き替え………153
- 88　井戸の水源探し………155
- 89　天気予報………156
- 90　むじなの嫁入り………157
- 91　おひな様………158
- 92　こたつとあんか………160
- 93　春蝉（松蝉）………162
- 94　野山の恵み………163
- 95　ガッチャンポンプ………165
- 96　洗たく………167
- 97　しろうと演芸会………169
- 98　外便所………170
- 99　木枯らし………171
- 100　お正月の準備………172
- 101　松の内の行事………175
- 102　小正月の準備………179
- 103　小正月の行事………181
- 104　恵比寿様………184
- 105　節分………186
- 106　お盆様………188
- 107　十五夜様と十三夜様………192
- 108　葬儀………193

特別寄稿………207

特別寄稿……………………207

- 祖父の休暇日誌（夏休みの）………208
- 父の最期の記録………218
- 父の日記（昭和32年）………221

あとがき………221

第1章
遊び・狩り・動物

1　ぶっちゅめ（ぶっちめ）

　本当の語源は解りませんが、なんとなくぶって捕るとか、ぶって閉じ込めるとかの意味ではないだろうかと推測されるぶっちゅめは、山あいや畑の傍らの陽だまりに仕掛けて、雀やホオジロなどの小鳥を捕る罠(わな)のことを言います。

　ばねになる篠棒（篠１）に結わえた２本の糸によって、両端を縛られた篠棒（篠２）を地面に接して横に固定された篠ん棒（篠３）に絡めて引き上げ、その篠棒を篠１に結わえたもう一本の糸に結わえられた短い仕掛け棒（篠４）に引っ掛けて、そこに細い篠棒（篠５）を横に設定します。そして小鳥がやってきて篠２と篠３との間に頭を突っ込んでぶっちゅめの囲いの中の撒き餌を食べようとすると、篠４が動いて仕掛け棒（篠５）がはずれて、地面の横棒（篠３）と篠２との間に小鳥が首を挟まれてしまうという仕組みです。

　ぶっちゅめは、子供たちの冬場の遊び仕事として先輩たちから引き継がれてきました。子供たちは、雀やホオジロなどが集まる陽だまりの所を見つけると、それらの所にぶっちゅめを仕掛け、それに小鳥が掛かっているかどうかの確認を楽しみの日課としていました。そして、捕った雀やホオジロなどの小鳥は、羽をむしりとり、内臓を取り出して、炭火などであぶったり、肉を煮物などにいれたりして食べました。

　私は、家の周りの畑だけしかぶっちゅめを仕掛けた記憶がありませんが、先輩達からは、谷津の畑の陽だまりに仕掛けたぶっちゅめで捕ったとかの話をたびたび聞きました（この頃は谷津の奥の方まで畑が綺麗に耕されていました）。

　また、冬場の子供たちの遊びとして、篠や竹などを使って弓を作り、茅の穂の下の節のない真直ぐな茎の先に篠で作った矢じりをつけて、家の周りに群れる雀などの小鳥を狙いましたが、なかなか当たりませんでした。若い衆には空気銃が流行(はやって)いて、空気銃でとってもらって焼いて食べた雀のこりこりとした肉の味はいまだに忘れられません。

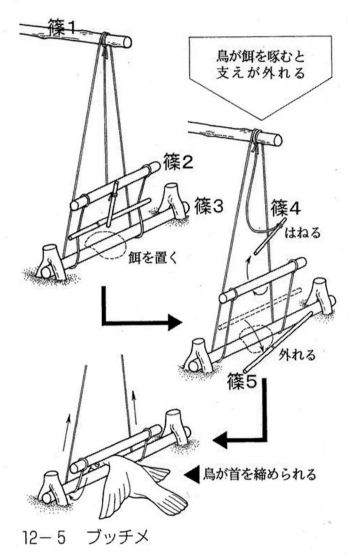

12-5　ブッチメ

『小川町の歴史 別編 民俗編』(2001年)
774頁のブッチメの図
　　　　　(宮本八惠子さん作図)

2　昆虫採集

　私の子供の頃の小学生の夏休みの宿題に、夏休みの一研究がありました。
　その一研究の定番が昆虫採集でした。
　セミやトンボやバッタやチョウなどの昆虫を捕ってきて、すぐに傷まないように注射器で防腐剤（アルコールのようなもの？）を昆虫に注射して保存しました。
　そして、菓子などの入っていた箱などを利用して、その中に昆虫採集用の針で、昆虫を整然と並べて固定し、名前や採集場所などを書きつけておきました。
　注射器などは、昆虫採集用として、文房具屋に売っていて、子供達はこそこそと貯めた小遣いから捻出して買いました。
　ですから子供たちは、夏休みともなると友達と連れ立って出かけたり、一人でこっそり出かけたりして、昆虫採集に夢中になって自然を楽しんでいました。
　セミを捕るときは、篠竹の先端に篠ん棒を丸めて差込み、それにだんじゅうろう蜘蛛（コガネグモ）の巣を巻きつけて、そっとセミの止まっている木に近づき、素早く蜘蛛の巣をセミにかぶせて捕りました。網よりもセミに気づかれないでよく捕れます。
　バッタなど草むらに潜む昆虫は、夏の香りがむんむんとする草むらを、ガサガサと足や棒で揺すると慌てて草むらから飛び出します。そこを網で捕らえました。トンボは、どこの棒の先端に止まるのか目安をつけて待っていて捕らえます。
　子供ながらも、それぞれに、それらの状況を常に判断しながら、昆虫との知恵比べをしながらでした。そして夏休みが終わる頃になると、用意しておいた箱の中に整然と並べて整理して、衣類や菓子箱などに使われていた透明なセロファンなどで箱の上を覆って出きあがり、昆虫標本を完成させて学校へ持ってゆきました。
　なんとも、自然の中から作り上げた夏休みの宿題でした。

3　消防小屋の蛾

　古里消防団の消防小屋は、今の古里2区児童遊園地の一角の一段下がって駐車場になっている東側あたり（昔あった愛宕神社の参道の入り口の西側）の一段高いところに旧県道に沿ってありました。

　この消防小屋の県道側に裸電球の外灯が点いていました。その周りは一晩中あかるかったので、夏の夜はいろいろな蛾がやってきて電球の周りが賑やかでした。

　そして、夜が白々と明ける頃になると、一晩中乱舞していた蛾が消防小屋の壁に羽を休めます。

　ですから、その頃に消防小屋に行くと、昨晩電球の明かりを求めて集まった大きい蛾、小さい蛾が、消防小屋の外灯のある壁面にびっしりと張り付いていました。見事という言葉以外に言葉が見つからないほどに、壁一面に素晴らしい蛾による絵模様が描かれていました。

　でも、不思議と日の昇る頃になると、知らぬ間にみんな姿を消していました。

　あれから50数年、いまだに消防小屋に張り付いていた蛾の思い出が頭から離れません。そして、あの蛾などの子孫はどこへ行ってしまったのだろうかと時々考えてしまいます。

注　昭和28年（1953）の春からの天候不順による冷夏により、病害虫が大発生して水稲に著しい被害を与えました。そこで、それに対処するために農薬ホリドールによる水稲病害虫防除が始まりました。しかし、猛毒性の強いホリドールの散布は田んぼの生態系を大きく変えてしまいました。その農薬散布の影響で蛾も少なくなったのかとも思われます。

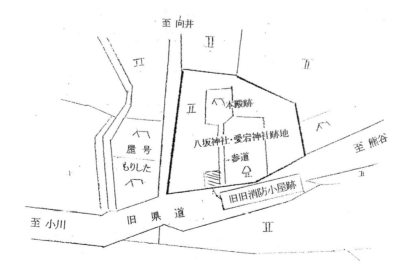

4　さかなとり

　昭和30年代までは、川魚、沼魚は農村の貴重な蛋白源となっていました。

　川や沼で魚を捕らえて、串に刺して火で焼いたり、豆などと一緒に煮たりなどして、普通の農村の食事として食卓にのっていました。

　そこで、当時の魚とりの様子を次により振り返ってみますと、

1)　さかなつり

　昭和30年代前半までの魚釣りの様子は、子供が川や堀で、大人が沼を主体としていた傾向があったような気がします。

　私の子供の頃の魚釣りの場所は、おもに家の前の水田耕地の中を流れる人造堀の新川(しんかわ)でした。ちょっと行ってしらんぺた（しろんぺた）や小鮒などを釣るときは、うどん粉をこねて練り餌をつくり、釣り針の先につけて釣ります。水面に叩きつけるようにすると、練り餌がとれてしまうので、魚の居そうなところに静かに入れます。川の流れが静かで、わりかし水が浅い時などに使います。水が綺麗に澄んでいる時は魚が寄ってくるのが分かります。

　川の流れが速かったり、深かったり、濁っている時などは縞(しま)みみずを使うことが多くなります。縞みみずは、牛、豚などの踏肥(ふみごえ)が積み上げてある肥間(こいま)（堆肥場）に行って棒でかっぱく（掘る）といっぱい居ます。それをビンや缶などに取って、釣り針に合わせてみみずをちぎって釣り針に刺して釣ります。すると、しらんぺたなどの小魚も釣れますが、少し大きめの鮒やどじょうやそして鯉なども釣れることがあります。

　沼に行って鯉やうなぎなどの大物の魚を釣ろうとする時には、おおたろうみみずを使います。おおたろうみみず（フトミミズ）を探すときは、縞みみずを探すように肥間へ行くのではなく、どちらかと言うと畑のへりなどに積んである藁や枯れ草などが腐りかけているような場所をかっぱくとにょろにょろと出てきます。

　小江川(おえがわ)の叔父に連れられて、西古里(にしふるさと)の峯沼(みねぬま)に行ったとき、叔父が大きなうなぎを釣り上げたのを昨日のように覚えています。

2) おきばり

　おきばりと言うのは、紡績糸に大きな釣り針を結わえて、その釣り針におおたろうみみずとか蚕のさなぎとかをつけて沼の水辺に投げ込んで、紡績糸の一端を水辺にある木などに括り付けておく仕掛けです。

　ふつう夕方に設置して、早朝に餌を探しにきた魚がおおたろうみみずなどをパクリと釣り針といっしょに飲み込むと、釣り針が魚の喉に引っかかって取れなくなるので、それを引き上げてとる漁法です。

　どこの沼でだれだれが、「このくらいの鯉をつったとか、うなぎを捕ったとか」と手を広げて言う人の話をよく聞きました。

3) とりかい

　鯉を沼に放して行うのか、沼に入れた稚鯉が大きくなったので行うのかわかりませんが、秋になって田んぼに水が必要でなくなる頃になると、水の少なくなったあっちこっちの沼で、水利組合主催による鯉のとりかいが行われました。

　とりかいは、水利組合が、沼の管理費用を工面する行為として行われたのだと思われますが、農家の人達にとっては秋の楽しみのひとつでもありました。

　決められた入場料を支払い、渡された番号札を帽子などにつけて、開始時間が近づくと沼の水辺の周りに大きな網を持って参加者が集まり、開始の合図を待ちます。家族などはバケツなどの入れ物を持って土手の上で見守ります。

　そして合図とともに、ヤスを背中に差して手には扇子を半開きにしたような形をした網をもった装いで、一斉に水の中に入って行きます。

　始まるのと同時に、沼の中で鯉が跳ね上がり、沼の内外で喜びの歓声、逃げられた残念の叫び声、沼全体が興奮のるつぼと化します。

　網による魚とりが一段落すると、ヤスを手にした参加者達は沼の水辺に立って沼の水面の動きを見守ります。

　参加者の網に掛からなかった鯉やうなぎが、魚とりの参加者によって掻き混ぜられ、泥水化した水面に苦しくて顔を出したところをヤスで刺して取るのです。

　私も、中学生の頃だったのか記憶が定かではありませんが、薮谷沼(やぶやつぬま)でとりかいに参加しました。網で鯉も捕りましたがヤスでうなぎも捕ったのを覚えています。

4）よぼり

　よぼりとは、針金で秤竿に秤皿を吊るしたような格好のものを作り、その皿の部分にひで（枯れ松の根）を燃やして、その明るさで小魚をみつけて針ヤスで刺して捕る漁法です。針ヤスは篠棒の先端を割って10数本の縫い針を差し込んで作ります。

　初夏、春蚕が掃き立てられ、苗代の稲苗がすくすく伸び始めた頃がよぼりの季節です。私は、山から掘ってきたひでをみかい籠に入れて背負い、少し水を入れたバケツを持って6つ年上の小江川の叔父のあとをついてよぼりに行きました。

　よぼりする場所は、苗代や小堀です。そこにいる泥鰌や小魚を叔父がとると私がバケツを差し出します。すると叔父はバケツの中に針の部分が入るようにバケツの淵で針ヤスをたたきます。すると捕らえられていた小魚がバケツの中に落ちるのです。

　燃し火の燃料のひでがなくなってくると、私の背負っている籠の中からひでを取り出して足して燃やします。ひでは枯れた松の根株のことで油分が多いので、燃料が逼迫してきた太平洋戦争末期には、ドラム缶で乾留して油を取ったと言われるぐらいですから火力もあり、よく燃えます。

　よぼりで北田（旧江南町板井部落との境にある水田地帯の総称）に行ってなまずを捕ったとの話も聞きました。大きなヤスを使用したのでしょう。それぞれに工夫をしたのだと思いますが、叔父のよぼりを私が手伝う、それが私の家のよぼりのやり方でした。

5）かえどり

　子供たちの遊び仕事の一つにかえどり（かいどり）があります。川の上流と下流とを堰きとめ、その間の水を掻い出して魚を捕る漁法です。

　水の流れの静かな時に行なう漁法ですが、上流の堰は、魚を捕り終るまで水圧で壊れないようにしっかりした堰にしなくてはなりません。水の流れの多いところで実施するときには、素早くしっかりとした堰を築き、素早く魚を捕ってしまうために多くの人手が必要となります。

　そこで、魚の居そうな場所を見つけると、子供たちは声を掛け合い、仲間を集め、時間を決めて、おのおのに堰を造るためのシャベルや水を掻い出すバケツなどの道

具を持ち寄ります。

　堰の作り方は、全体をいっぺんに作るという方法ではなく、準備の段階は、なるべく水の流れを止めない方法で、両側なり、片側なり、一番水が流れやすいところを残して堰を作って行きます。

　そして、準備万端となったところで、一気に水を堰き止め、バケツなどで水を外にかきだします。そして、水がなくなり逃げる場所を失った魚を一網打尽にしてしまいます。

　でも、水を汲みだしている最中に上流の堰が水圧に耐えられなくなって、壊れてしまったら大変です。水を汲み出した労力はふいになり、水の圧力に耐えられるしっかりした堰を作り直すか、上流の水を下流にパイプなどで流す仕掛けを考えたりして作り直さなければなりません。責任の擦り合いなどしている余裕などありませんでした。

5　からねこ

　からねこの名前の由来は、ネズミ捕り名人のねこが居なくても、小鳥などを捕ることが出来る仕組みであることからだと勝手に解釈しています。

　昭和30年代中頃までは、農家はほとんど専業で農業に勤しんでいました。そして冬は今よりも寒かったので、大雪もたびたびあって雪の積もっている期間が長くありました。ですから、そのような時に小鳥たちは餌を見つけるのが大変でした。その小鳥たちの食べ物の欲求を利用して小鳥を捕獲しようとした仕掛けがからねこです。

　細い竹杭の中心部より下に釘を打ち、竹杭の先端をV字形に切り込み、そこに仕掛けた棒に糸を結び、その糸の先端に一寸ほどの細い篠棒を結んで釘に糸を引っ掛けて、先端の仕掛け棒に箕などの捕獲用具をかけてから竹杭と細い篠棒との間に細長い稲藁や篠などを差し込んで奥の撒き餌のところまで伸ばします。

　そしてこの篠を啄んだり、触れたりして仕掛けが外れると、捕獲用具が落ちて小鳥などを閉じ込め捕獲できるという仕組みです。小学4～5年生の頃に学校から帰ってくると、下道に仕掛けておいたからねこに綺麗な鳥がかかっていた事がありました。そこで捕まえて、みんなに見せようと思って母屋の玄関まで来て入り口を開けようとした時に、持つ手が緩んで逃げられてしまいました。その時の悔しさは、今も思い出として残っております。

　それに、冬になって雪が降ると、農家の仕事は納屋の中でのむしろ織り、縄ない、いっそう（10本ぐらいの藁で注連飾りのような感じで半分より上をなった2本の先端を結び、わらなどを束ねるのに使う縄の代用品）作り、俵織りなどでした。

　そんな時、納屋の庇の下の小鳥が来そうなところに、蚕用の竹籠などの上にむしろなどをかけて蓋をして、その上に重いものをのせて片側を持ち上げ、竹かごなどの大きさに合わせたつっかえ棒（つっかん棒）で支えます。そしてそのつっかえ棒の下のほうに紐を結わえて、紐の先端を子供たちは父母の傍らまで伸ばして身近に置いておきます。そして、竹籠などの下に出来た空間に籾殻などで撒き餌をします。

　そしてそこに、雪で空腹に耐えかねた雀などが飛んできて、仕掛けの中の撒き餌を見つけて夢中になって啄み始めたその瞬間を狙って紐を引いてつっかえ棒をはずします。

つっかえ棒をはずされた仕掛けは、小鳥の上に勢いよく倒れ、小鳥を下敷きにして捕獲するというものです。
　この仕掛けは、人間の手が加わっているので違う言い方だったような気もしますが、からねこと言ったような気もします。夢にでも出てきて思い出すことが出来れば判るのですが。
　いずれにしても、冬場、雪が降って子供たちが外に出て遊べないときに、餌を求める雀などを捕るこんな方法を子供たちは楽しんでいました。

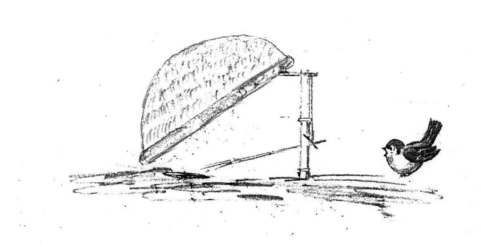

6　じんとり

　子供の遊びとしてじんとりというのがありました。
　何人でも出来る遊びで、集まった子供がじゃんけんなどで2組に分かれて、それぞれによい場所を選んで中心となる本陣を設置して、そこを中心に棒などで円を書いて、これを陣地として取りっこをします。
　ルールは、それぞれの陣地の後から出た方が強いことになり、後から出たほうが先に陣地を出た相手側に触ったならば相手の者を、捕らえた（捕虜）ことになり、触った者の陣地の円が書かれた指定場所に捕虜としてつながれます。何人も捕まえられたら、鎖状にだんだんと長くつないでゆきます。そして鎖状につながれた者の陣地の者が、相手の者にタッチされないようにしながら、つながれている自分の仲間の手にタッチしたら、捕まえた仲間は解放されて元の陣地に戻ってまた活動が始められます。ですから、捕虜を持っている陣地の者は、捕虜を解放されないように気をつけます。
　勝負は、相手の陣地の者を全部捕虜にしてしまうか、本陣（石などの置物や棒などで書いてある）を踏むか、手でタッチすれば勝ちになるというゲームです。
　でも、あとから陣地を出たほうが強いので、相手の陣地に近づけば近づくほど弱い立場になるので、相手を引きつける役割の者を作ったりして、駆け引きの多い遊びでもありました。
　この遊びは、学校の昼休みに校庭の両側に分かれて、それに子供の夜遊びの十五夜、十三夜やとうかんやなどで行なっていましたが、どちらが先に陣地を出たかわかる距離に陣地を構えるのが基本となっていたゲームです。

7　けだし

　この遊びは、家の庭でいっぱい遊んだ記憶がありますが、ルールはいまいち定かではありません。3mぐらいの幅の両側に40〜50cm×1.8mぐらいの細長い長方形の陣地を棒などでまねきます。

　そして、その枠の中から平らな石を投げて、片足でケンケンしてその石を踏んで、踏んだ石を取り出して相対する枠地に投げ、入ったならばケンケンのまま相対する枠地に入り、そこから出発地の枠の中に石を投返して入ったら、ケンケンで出発した枠地に帰るというものだったような気がしています。

　しかし、何歩で行って、何歩で返るとか、だんだん石を遠くに投げて、ケンケンの歩数を増やしていくとかの気がしますが、また、ケンケンで石が踏めなかったとか、陣地の中に正確に入れなかった時には、やり直しのルールがあったような気もしますが、正確なルールが思い出せません。

　しかし、そんなルールの遊びでした。

　また、この遊びを、けだしではなくケンケンと言ったような気もします。

8　竹馬

　冬は、昭和30年代頃までは、やまし（山仕事）や麦踏の手伝いはありましたが、仕事も落ちついて子供たちが遊びに専念できる季節でした。
　その遊びのひとつに竹馬遊びがありました。
　手頃な薪を見つけて、竹馬の足場にちょうど良い長さに切って、それを半分に鉈などで割って、それをまた半分にして、手頃な真竹に縛り付けて作ります。
　足場には、角材を使う子供もおりましたし、丁寧に竹に合わせて切込みなどを入れた子供もおりましたが、見よう見まねで子供たちが工夫して作りました。
　竹馬乗りは、初めは地面から少し上がったところからだんだんと高くしてゆきます。
　中には親などに作ってもらう子供もおりましたが、子供たちは先輩に教わりながら夢中になって作りました。作ること自体が遊びであり、勉強でした。

9　どこらふきん

　どこらふきんは、子供たちが2組にわかれて見つけっこする遊びです。片方のチームの者が場所を定めて、その場所あたりに隠れて、もう一方のチームの者が指定された場所あたりに行って、隠れたチームの全員を探しだすという遊びです。

　場所の指定は、隠れる者が、納屋など隠れる場所の多い家などを指定します。

　昔の農家の納屋は開けっぴろげで、藁や木の葉や薪等が積まれており、農家で使う用具なども積み上げられておりました。それに、納屋の中にはさつまいもを保存する穴が掘ってあったり、家の周りには氏神様などの小屋があったり、大きな木があったりして隠れるには最高の場所でした。その頃は、どこの家でも明るくても60Wぐらいの裸電球が家の中に2～3個ある程度で、外灯は無い時代でしたから、明かりと言えば月の光ぐらいでした。

　そこで、指定した付近に隠れるチームの者は、そこに行って藁の中に潜りこんだり、むしろを羽負って壁にぴったり張り付いたり、さつまいもの穴に入ったりして、それぞれに見つからないようにしました。しかし、だんだんと見つける場所が狭められて見つかってしまいます。

　藁の中などに居るらしいと判ると、わざとその上で飛び跳ねてみたり叩いてみたりして、隠れて居た者が耐えられずに声を出すように仕向けたりもします。そんなふざけたことをしながら見つけることも遊びの一部でした。

　どこらふきんは、子供の夜遊びの時などに一番行なわれた遊びです。昼間のどこらふきんと違って何となくわくわく緊張するものがありました。

　特に夜遊びでのどこらふきんは、隠れようとして、見つけようとして、さつまいもの穴に落ちたとか、肥溜めに落ちたとかとの話や、藁などの中に隠れたら眠ってしまって、見つけるほうも見つからないので家に帰ったのだろうと判断して家に帰ってしまったとか。気がついたら朝だったとかの笑い話が絶えない遊びでした。

　でも子供たちは、餓鬼大将が中心になって行なわれるこのような遊びを通して、いろいろな生活の仕組みを肌で感じ、知恵を学び、たくましく育てたのだと思います。

10　ガシャガシャとり

　私の子供の頃の昭和30年代頃までは、いろいろな面において本当に自然とともに生活があったような気がします。

　秋の虫も豊富で、家の中までスイッチョ（馬追虫(うまおいむし)）が飛び込んできましたし、いろいろな虫も飛び込んできました。土間には、こおろぎの合唱がありました。

　そんな秋の楽しみの一つに、ガシャガシャ（くつわむし）とりがありました。

　その頃の山は、何処も管理されておりましたのでとても綺麗でした。松林を主体とした山には、春に生えた下木や葉草が茂り、ガシャガシャが生息するのには最高の場所でした。

　また、山際の畑の回りもきれいに手入れされていて、いつも若草が茂っていました。

　そんな茂みの中で、8月中下旬の熊谷の花火大会の頃になるとガシャガシャがガシャガシャガシャと鳴きだしました。そこで子供達のガシャガシャとりが始まります。缶詰の空缶を横にして上側に針金で持つところを付け、下から釘をさして中に蝋燭を立てた照明器具、いわゆる今の棒電気（懐中電灯）を作りました。その棒電気を持って、ガシャガシャとりに行きました。

　ガシャガシャは人の気配を感じると鳴き止んでしまい、何処に居るのか判らなくなってしまいます。そこで気づかれないようにそおーと近づいて、葉草などにとまって鳴いている所を捕らえるのです。照明の中に、ガシャガシャを発見したときの感動、捕まえた時の喜び、そして逃げられて周りを見つけ回る時の虚しさは、それぞれ子供心に強く焼きついています。

　ガシャガシャは、赤っぽい色（褐色）をしたのを「赤す」と言い、青っぽい色（緑色）をしたのを「青す」と言いますが、ガシャガシャを取った時には、赤すを取ったとか、青すを取ったとかの話を言い合って喜んだものです。

　そして、取ったガシャガシャは、しばらくの間は籠などに入れて茄子などを与えて飼ったりしますが、その後は庭に放してガシャガシャの鳴き声を楽しみます。

　しかし、台風が来た時などにいっぺんに遠くの方に行ってしまったり、急に鳴声が止んでしまった時などは寂しさを感じたものでした。また、秋の深まりとともにだんだんと遠くの方で鳴くようになり、何時の間にか聞こえなくなると、子供心にも寂しさが込み上げてきました。

11　めじろとり

　秋も深まり、落葉樹の葉が色づき始める頃になると、山から里にめじろが下りてきてめじろとりの季節となります。
　私は小さい頃、6つ違いの叔父に連れられてよくめじろとりに行きました。
　朝、夜が明ける前に、めじろの入ったさしこ（竹籠）を持って、鳥もちをもって、めじろの通り道であると思われる山に急ぎます。
　予定した山にたどり着くと、とりもちを巻きつけるための棒（肌がすべすべしていて、もちを汚さないで取り外しの出来る40〜50cmぐらいの素性の良い木の枝）を見つけて鳥もちを巻きつけ、めじろの来やすい木の枝にさしこを吊るして、鳥もちの棒をさしこの上に止まり木として挿します。
　夜が白々と明け始めると、眠りから覚めて活動を始めた野生のめじろと、さしこの中の囮（おとり）のめじろとの鳴声の交信が始まり、やがてめじろの群れが現れます。あたりの様子を伺うような仕草をしながら、囮の入っているめじろのさしこに近づいてゆきます。
　そして、野生のめじろが、鳥もちが巻かれた棒に飛び移った瞬間、めじろはもち棒にくっついて、くるりと回って鳥もちの棒に逆さに吊下ります。
　その瞬間を逃さずにめじろに駆け寄って、めじろを捕らえて足についている鳥もちを綺麗に取り除き、囮の入っているさしこか捕獲用のさしこの中に入れます。
　でも、このことに気づかなかったりした時には、大変なことになる事があります。
　鳥もちを外して逃げてしまう分には、残念で済むことなのですが、めじろが鳥もちを外そうと暴れて体中に鳥もちを付けてしまうとたいへんです。鳥毛がべたべたと汚れてしまい、綺麗なめじろがだいなしになってしまいます。それよりも悲惨なのは、羽根に鳥もちがついてしまって飛べない状況で下に落ちてしまった場合には死にもつながります。
　私の叔父はめじろ捕りの名人でした。口笛でめじろの鳴声を真似るのが上手で、囮のめじろを鳴かせて野生のめじろを誘（おび）き寄せるのが得意でしたし、めじろを汚さないでもち棒から取り上げるのも上手でした。
　また、やまがら鳥も飼っていてやまがらとりもしました。
　そして私の得意分野は、めじろの入ったさしこを持ったり、もち棒を持ったり、

叔父の言うことを良く聞く、めじろとりの梃子(てこ)でした。

　隣の部落の安藤元久さん（兄は私の叔父と仲良しでいつも一緒）も兄の梃子で、一緒にめじろとりに行った話をします。叔父が大きくなってめじろとりを卒業したあと、私もめじろを何年か飼いました。

　でも私のめじろとりは、山にわざわざ捕りに行かないで、さつま掘りや麦まきの時に、畑のそばの山の中に囮の入ったさしこを吊るしておいて、めじろの鳴声が聞こえてくると、仕事の手を休めて飛んで行って見張る捕り方でした。

　めじろの餌は、叔父の場合は容器の中に入れて与える摺餌が中心で、よい声がするとかしないとか言っていたような記憶があります。

　私の場合は、サツマイモを蒸かしたり、母の実家の柿の木から渋柿を貰い取りしてきて、りんご箱の中に籾殻漬けして熟させたり、小遣いでみかんを買ってきて、さしこのうえに乗せて与えました。そして、そんな餌がなくなり、農の仕事が忙しくなる春の頃には逃がしてやりました。

　しかし、お正月に年神様の注連縄に飾られたみかんを何時食べられるのだろうかと心待ちしていた想い出を持つと言うのに、小遣いを叩いてみかんを買って、自分で食べるのを我慢してまでめじろに与えた想い出を持つのも不思議です。

　それに、よその家から竹を貰ってきて、めじろを入れるさしこ作りにも挑戦しました。その頃は、物を買うというよりも自分でつくって使うと言うことが原則的な時代でしたから、ある面では当たり前のことでしたが、竹を細く割ってひごそぎ器（小さな鉄板状のものに丸い小さな丸い穴が開いているだけの単純なもの）で、さしこの棒を作ったり、きりで穴を開けたりして組み立て、買ってきたものとは違いがあるものの自分なりに出来映えを喜んだものです。

12　子供の夜遊び

　昔は、おおっぴらに子供が外で夜遊びできる日がありました。

　秋の十五夜と、十三夜と初冬のとうかんやの夜です。

　十五夜と十三夜の晩にはお供え物の饅頭を食べて、とうかんやの夜はぼた餅を食べた後に、それとなくだんだんと子供が集まってきました。そして遊びの主流は、集まった者が2組に分かれて行なう「じんとり」か「どこらふきん」でした。

　しかし、私の住む尾根上郭では聞いたことはありませんが、内出地区の先輩たちの話を聞くと、西古里の子供たちと新川を挟んで石を投げあったりの遊び喧嘩をしたのだとの話を聞きます。また、尾根の下郭の方でも、吉田や塩の子供達との川を挟んでの恒例的な遊び喧嘩があったようです。それぞれの地区で、それぞれのやり方で子供の夜遊びが行なわれていたようです。

　また、とうかんやの夜にはどこの家でも子供たちは自分にあった大きさの藁鉄砲を作り、もぐらが庭や農地を荒らさないように、病害虫から農作物を守るように、あらゆる願いを込めてたたきました。ですから、とうかんやの夜には、あっちこっちの家からとうかんやの音が聞こえてきました。そして、たたいた藁鉄砲は、柿の木に吊るすと豊作だと言い伝えられ（害虫が冬篭りをするために稲藁で作られた藁鉄砲の中に入ってしまうので、藁鉄砲を焼くと害虫を一網打尽に出来るからとの事らしい）、どこの家でも柿の木に吊るされていました。

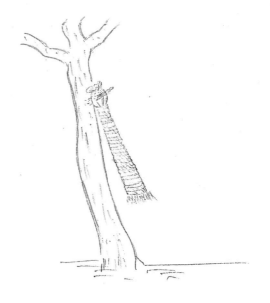

13　ほたる

　ホ・ホ・ほーたるこい、こっちの水はああまいぞ、あっちの水はかーらいぞと言って、子供の頃は麦わらでほたるを入れる籠を作ったりして、箒(ほうき)を持ってよくほたるを捕りに行ったものです。と言っても、そう遠いところに行ったのではなく、私の家の前の旧県道を70mばかり西に下った、今の消防小屋の南側の道に沿って3〜4畝の畑がありました。その畑の南側を「たにあ」(小さな池の名)の方へ流れる小川(堀)の畑側の法面(のりめん)に草が繁茂していて、そこがほたるの溜り場でした。

　しかし、光るのはほたるだけでなく、蛇の目も光るから気をつけるようにとも言われて、用心しながら草むらをかっぱきました。

　また、ほたるの季節になると、家の周りまで飛んできましたので、追いとばかして捕まえてビンの中に露草とともに入れました。そして、布団の中に入れたり棚の上に飾ったりなどして、ピカピカのほたるの光を楽しんだり眺めたりしたものです。

　今では考えられないことですが、ほたるが我が家の周りを飛びまわり、そのほたるを追っかけまわったことがあるのです。

　なつかしい想い出です。

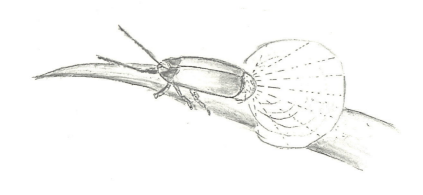

14　水あび

　お昼を食べると、尾根台(おねんだい)を上がって行って尾根台の三本辻を嵐山郷(らんざんごう)のほうに曲がって右側の畑が途切れるところの十字路を左に曲がって、4～50mぐらい行ったところを右に曲がって、薮谷沼(やぶやつぬま)に通じる山道を下っていって薮谷沼で水あびをしました。

　水あびに何歳頃から行き始めたのか記憶がありませんが、尾根台を上って行くと道筋の周辺からだんだんと子供が集まってきて、山道に入るころには何人も一緒に歩いていました。

　今では山は荒れ、山に群れていた草花や花木などは盗掘もあって見る影もありませんが、私たちが水あびに行ったころは、どこの家でもやましをしていましたし、盗掘する人も居なかったので山の中はとても綺麗でした。今ではほとんど見ることができなくなってしまった、じじいばば（春蘭）や薮柑子(やぶこうじ)、山つつじ、山ゆりなどの花が四季折々にいっぱい咲いていました。

　水あびの頃は山ゆりの花の季節で、山ゆりの花の香りがぷんぷんと山の中にたちこめるほどにいっぱい咲いていました。その香りを楽しみながら沼へ通いました。

　小さい子供の水あびは、沼の浅瀬の危険の少ないところでバチャバチャと泳いだり、つんむぐったりして烏貝(からすがい)をとりっこしたり、石を投げて見つけっこしたり、つんむぐっている時間を競争したりなどで、いろいろなことをして遊びました。

　水あびに行ってパンツを穿(は)いて水あびをするのは、少し恥ずかしさが出てくる小学校高学年になってからで、それまでの小さい子供は、ふり（パンツなど下半身になにもつけていないこと）で水あびをしました。

　今から考えると、下半身が不安定で、心もとなかっただろうとも考えられますが、その当時の子供は、当たり前のこととして、その事をとらえていたように思います。

　水あびのことを決して水泳とは言いませんでしたが、水あびをしながらだんだんと泳ぎを覚えました。先輩があらためてコーチしてくれるわけでも有りませんでしたが、それぞれに見よう見真似でバチャバチャしているうちに浮くようになり、前に進むようになった気がしています。

　意を決して薮谷沼を横断したのが、小学4～5年生頃だったでしょうか。最後は疲れてきたところを、飯島一郎さんに押してもらった記憶があります。

薮谷沼に水が無くなったからなのか、興味本位で行ったのかはわかりませんが、柏木沼にも行った覚えがあります。また、前の川の堰の水たまりに飛び込んだ記憶もあります。
　そして、中学生や高校生頃になってからは、清水や上土橋の畑に仕事に行って昼に家に帰るときには、薮谷沼の上沼が深くて綺麗な水だったので、飛び込んで少し泳いで、体の汗と汚れを落としてさっぱりした気持ちで家に帰ったものです。
　いずれにしても、昔の子供は沼で水あびをしながら泳ぎを覚えました。
　そして、沼から田植え水を出すときには、まだまだ段樋の沼が少なかったので危険が伴う底樋を抜かなくてはならない沼が多く有りました。そこで、危険の伴う底樋の抜き挿しは泳ぎが得意で冒険心のある人にお願いしたようです。
　また、沼に住んでいる河童がふざけて足を引っ張ったのか、沼で命を落とした子供や大人もいたのだとの話もよく聞きました。

○追筆
　昔の沼の水は、沼の中で泥遊びなどするとそれなりに濁りましたが、今では考えられないほどに綺麗でした。

15　道草

　私の子供の頃、隣の安藤幸男さんの家はタバコ屋と言われて、タバコのほかに塩や砂糖も扱っているお店を営んでいました。

　お店の中には、塩、砂糖がそれぞれに1叺(かます)以上も入る大きな木箱があって、その中に塩と砂糖を入れておいて量り売りをしていました。

　外で遊んでいる時に、タバコ屋のおばさんに「手伝って」と頼まれて、叺から塩や砂糖（玉砂糖）を箱に入れるのを良く手伝いました。そしてその時に、お駄賃として玉砂糖を頂きましたが、ほろ苦さの混ざる甘い玉砂糖に喜んだものです。

　そして、学校へ行く時の尾根上郭の集合場所が、なんとなくタバコ屋の前あたりでしたので、時間ぎりぎりまでタバコ屋の前あたりで遊んでいて、タバコ屋のおばさんに学校に遅れるよと言われて、駆け足で学校に行ったものです。

　そのころは、これといった大きな事件もなく全てが大らかであったので、今のような学校の行き帰りの保護者の監視は有りませんでした。ですから学校の帰りには、いつも同級生ぐらいでグループを作って、あっちの山へこっちの山へとふらふらと行って山道を登ったり降りたり滑ったり、ナイフで木を切って細工をしてみたり、つつじの花やどどめなどを食べたりつまんだりしました。

　また、こっちの田んぼへふらふらと行ってかえるを捕まえてみたり、笹舟を作ったり、草笛を作って鳴らしてみたりなどなどしました。いつも、自然をいっぱい味わいながらの下校でした。

　また、誘われるままに、吉田のほうへふらり、越畑の方へふらりのこともありました。誰にも監視されないで、学校帰りの道草を腹いっぱい摘んだり食べたりして過ごしておりました。

　親から勉強、勉強とは言われずに、親から忙しいと言われれば一生懸命に手伝い、頼まれればなんでも言うことを聞いていましたが、それでも小学校のときの学校の登下校の道草は変化に満ちていて楽しいものでした。

16　丸木橋

　私の家の６ａの三角の水田の尖ったあたりに、ほ場整備事業を実施するまでは松の丸太木を３〜４本ならべて新川を横断させた橋がありました。橋の下にはコンクリートが打ってあり両側にもコンクリートでしっかりしている橋げたがあったので、コンクリートの橋を作る予定でお金が無くなったので止めたのか、堰などの違う用途でコンクリートを橋げたのように打ったのか解りませんが、その橋げたを利用して３〜４本の松の丸木を新川の上を渡した橋がありました。

　この橋は、松の丸木を渡しただけの橋でしたが、無くてはならないとても大事な橋でした。

　この橋を通るのが学校の行き帰りの一番の近道でしたし、新川の向こう側に行くのに、この橋がなかったら遠まわりをしなくてはなりません。私の家も田んぼが川の向こうに半分ぐらいありましたので、農作業の行き帰りはこの橋を利用しました。

　田植えの時には、稲苗をいっぱいに入れた籠を背負ってこの橋を渡りました。稲刈り時期には、ハンデイ棒を担いでこの橋を渡りました。夏草を刈るころには、夏草をいっぱい入れた竹かごを背負ってこの橋を渡りました。

　何でもかんでもこの橋を渡って、農作業を進める近辺の農家の生活もありました。

　でも、小さいころの渡り初めから暫くは、ゆっくりゆっくりと這って橋を渡ったことを覚えています。そして、少し大きくなってからも恐る恐る橋を渡り、最後の一歩は橋から堤に向かって逃げるように飛び出す仕草で渡り終え、落ちなかったことにその都度ホットしていました。

　それよりも大きくなって、雨の中で稲苗を背負って渡るときなどは、丸木橋が濡れているので、丸木をつかんで離さないように、足の全部の指に神経を集中させて、滑らないように滑らないようにと恐る恐ると渡りました。

　背負板で稲束などを背負って渡る時には、丸木橋が重みに耐えられるか心配しながら丸木橋から足を踏み外さないように恐る恐る渡りました。

　いずれにしてもこの橋は、子供たちにとっても大人にとっても、遊びで通るときでも仕事で通るときでも、いつも恐る恐るどきどきして渡る橋でした。

　でも、不思議なことに、この橋から落ちたとかの話は聞きませんでした。

　みんなも気をつけて気をつけて通っていたからだと思います。

しかしこの丸木橋は、昭和45年度（1970）に実施された圃場整備事業により道水路が整備され、永久橋が新川の上に何本も架けられたので必要性がなくなりました。
　そして、地域にとってどのように重要な橋であったのか、どこにも記されることもなく、誰もしらぬ間にとり除かれました。

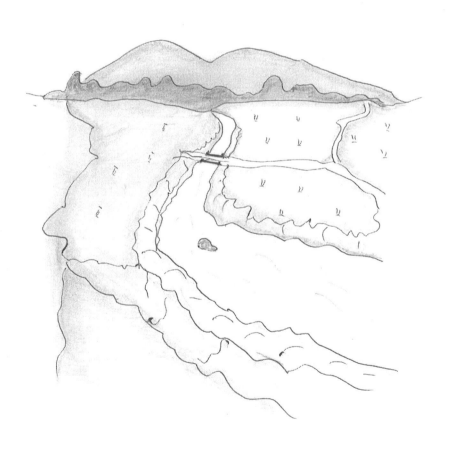

17　さわ蟹とえび蟹

　古里の山の中の沢水が流れる小川には、今でもさわ蟹が生息していると信じていますが、さわ蟹を見かける機会が無くなって久しくなります。でも、昔は人家の周りの普段は水が流れないような小さな水路にもさわ蟹が生息していました。思いもかけないところからさわ蟹が出てきてびっくりしたり、こんなところにも居るのかと思うことがたびたびありました。そんなさわ蟹を家に持ち帰りビンなどに砂利や水草などを一緒に入れて楽しんだこともありました。

　しかし、それよりも夢中になったのがえび蟹（アメリカザリガニ）捕りでした。えび蟹は我家の前の水田耕地の中央を流れる新川にも、田んぼの中を流れる小さな水路にもいっぱい居ました。ですから、居そうな所を網でさらってみたり、堰の壁を登ってきたえび蟹をすくってとったりしました。

　でも、えび蟹を捕るのに一番の方法はえび蟹つりでした。

　えび蟹つりの方法は、手頃の長さの篠ン棒などを釣竿にしてその先端に紡績糸（細くて強い糸なら何でも良い）を結わえ、糸の先には釣り餌として煮干しとか殿様蛙を捕まえて足の皮をめくってつけました。タニシの身を取り出して糸につるってえび蟹釣りをしたこともありました。スルメの足をつけた餌はえび蟹つりの餌としては最高品でした。

　釣り餌をつけた釣り糸をえび蟹の居そうな所に下ろし、えび蟹が餌にかかると手ごたえが釣竿に伝わってきます。そこで釣竿を引き上げると、釣り餌にえび蟹がしっかりとしがみついたままあがってきます。そこで逃げないようにそっと陸に上げて捕らえるか、網でさくって捕獲しました。そして、捕ったえび蟹は家に持ち帰って、卵を沢山産むように鶏にくれました。

　えび蟹は、実益も兼ねていた子供の遊びだったのです。

18　つばめ

　私の子供の頃には、春になるとつばめが南の国からいっぱいやってきて、楽しそうに野山を飛び回っていました。

　麦刈りが始まると、つばめが麦畑の上にいっぱい集まり、麦畑から飛び上がって逃げる虫をめがけて競争で飛びかかります。

　田植えの頃になって、牛で田んぼの代掻きを始めると、その周りにツバメがいっぱい飛んできました。そして、田んぼに巣食っていたオケラやクモなどの虫たちが、代掻きで水の中に放り出されて水面でバチャバチャと泳いでいると、その虫たちを狙ってつばめが急降下してきます。キュ、キュ、キュ、キュと鳴きながら何羽ものツバメが代掻きの周りを回りながら、水田の水面でアップアップしている虫をめがけて急降下して虫を奪い合います。

　それはまさに代掻きのお祭りのようにも思えました。そして五月雨の中で、牛の鼻どりをしながらその様子をいつも楽しんでいました。子育て中のつばめにとっては、麦畑も水田も絶好の餌場なのです

　毎年同じつばめが来るのか、つばめの寿命は幾つなのか知りませんが、5月になると必ず蚕屋の土間の梁のところに一対のつばめがやって来て巣を作りました。そして2～3回子育てをして、秋にはどこかへ帰ってゆきました。

　ですから、つばめの来る頃からつばめの子育てが終わるまで、蚕屋の入り口を少し開いておいてやりました。土間の真中につばめの雛の糞をいっぱい落とされても、つばめは家族の一員でした。ギャーギャーと泣き叫ぶ雛に、親鳥が食事を運んできて、与える仕草を眺めるのも楽しいひとときでした。

19　ガラス筌(うけ)

　4月の声を聞いて南からの風が吹き始めると、川の魚も活発に動き始めます。

　子供たちも春の暖かさにつられてガラス筌を川に設置して、小魚を捕ることに目覚めます。あちらこちらの店でガラス筌を売っていたので、子供は買ってきて川に設置しました。

　設置の方法は、手ぬぐい等の布を四角に切って、ガラス筌の口にかぶせて、ガラス筌の首の所に輪ゴムで止めたり、紐で縛って口を塞いで魚が逃げないようにしました。

　そして、煎って芳ばしい香りのする小糠を、小魚が入ったら出られないように吸吐(すいはく)（漏斗(ろうと)、ジョウゴ）の形になっているガラス筌の尻からいれて、魚が居ると思われる場所に持っていって水の中に尻のほうから入れて沈めました。

　ガラス筌の口のところにかぶせた布の目が細かくて、中の空気が抜けずに水が入らないときには、口にかぶせた布に釘などを刺して空気穴をあけて水を入れて沈めました。

　そして、ガラス筌を沈めても引っ張りあげられるように、ガラス筌の首のところに紐を縛り付けて、その紐の端を杭や川辺に生えている木などに縛り付けて固定しておきました。

　ガラス筌を設置する深さは、川の中を泳ぎまわる小魚を対象にするのであまり深くない所にしました。でも場所によっては結構深いところに設置してしまうこともありました。しかしそんな時には、どじょうや海老蟹などが入る確率が増えてきます。

　ガラス筌で魚を取る方法は、ガラス筌を川底に設置すると、中に入れた煎り小糠がガラス筌の尻の穴から少しこぼれだし香りが周りにたちこめるので、その香りに集まってきた小魚がガラス筌のすいはく形になっている尻穴を見つけ出して中に入るというものです。

　入った魚は、煎り小糠を食べるのに夢中になったり、出ようと思っても入った所がすいはくの形になっているので見つからず、ガラス筌の中に閉じ込められてしまうというものです。

　ガラス筌は、ころを見計らって縛り付けてあった紐をほどいてそーと引き上げま

す。ガラス筌が水面に浮かんできて、中にしらんぺたやあかんぺた、鮒などの小魚がいっぱい入っているのを見つけたときは、「やったー」と言う言葉が自然に口をついて飛び出してしまいます。嬉しさ100倍になって浮き浮きしてしまいます。

　しかし、ガラス筌の中に一匹も入っていないときにはがっかりです。

　でも、もっとがっかりするのは、川底の石などに当たってガラス筌が壊れてしまっていて、紐を引っ張りあげると壊れたガラス筌が出てきた時です。ひどい時には、ガラス筌の首の部分しかないこともありました。

　でも、春になりなんとなく浮き浮きする頃になると、毎年ガラス筌を持ち出して、いそいそと小糠をほうろくかフライパンで煎って前の耕地の中を流れる新川に急ぎました。

　私の家には竹で編んだ筌もありましたので、その中にジャガイモを煮たのを入れて設置したこともありましたが、海老蟹が何匹か入って魚が取れなかったのでやめた記憶があります。

20　化石とり

　子供の頃、私の家から1kmほど離れた「そうか」と言われる峠の一級県道熊谷・小川・秩父線沿いの岩壁の一部に貝の化石が取れるところがありました。

　誰から教わったのか、どうして行くようになったのか全然覚えておりませんが、時々友達と一緒に金づちと大きな釘などを持って化石を採りに行きました。

　今から考えると、岩壁が崩れる危険性もあり危ないことをしたものだとも思いますが、崖の岩を金づちと釘などで剥ぎ取ると貝などの化石がでてきました。格好の良い貝などの化石が出てきたときには嬉しくなって家に持ち帰りました。

　でも、いつも化石を眺めながら思ったのは「どうしてこんな高い山の中から化石が取れるんだろう。昔のこの辺の地形はどうなっていたんだろう」とのことでした。

　そして、遥か昔の人類が誕生していなかった頃の時代まで遡って、自分たちの住んでいる所がどんな所だったのだろうかと、いつもそんな思いをいだいてしまいました。

21　ぶっつけとべーごま

　私の子供の頃の冬場の暇な時には、よくぶっつけとべーごまをしたものです。

　遊びの方法から名づけたのだと思いますが、ぶっつけは、ボール紙を丸く切ったその表に、映画やラジオ番組や漫画の主人公などが描かれたりしている一種のおもちゃで、一般的には「面子(めんこ)」とも言われていました。

　しかし、私の地方では、それ自体を「ぶっつけ」と言い、遊びもぶっつけと言いました。ですから「ぶっつけを持ってきてぶっつけをしよう」と言う感じで遊びが始まりました。

　ぶっつけの遊びの方法は2つの方法がありました。

　一つは、何人かの子供が集まると、じゃんけんして順番を決めます。そして負けたものがぶっつけを土べた(ど)（土のうえ）の上に置くと、一番勝った者が土べたに置いてあるぶっつけの側に自分のぶっつけをぶっつけ（たたきつけて）て、置いてあったぶっつけがおきる（表裏がひっくり返ると）とそのぶっつけが貰えるというゲームです。何人かで遊んでいると、何枚もぶっつけが土べたに置いてあるので、初めの一枚がおきると次のぶっつけに挑戦できます。そして、おこせなかったら次の人と交代になるゲームです。

　しかし、ぶっつけで相手のぶっつけをおこすには技術が必要です。ぶっつけは直径3cmぐらいのものから、直径が15cmを超える大きいものがあります。ですから大変です。でもゲームが進行していくと、大きいぶっつけも草花や石っころなどの処に跳ねて行って、斜めになったりするので小さいぶっつけで大きいぶっつけをおこすチャンスが生まれます。

　私の子供の頃は何処の家でも子沢山で子供がいっぱいいました。ですから、私もそうでしたが、子供が弟や妹を負(お)ぶって子守りをしながら遊ぶのも当たり前のことでした。そして、冬の寒い頃には背中の子供が寒くて可哀想なので、背中の子供の上から半纏(はんてん)を羽織って帯で結わえて遊びました。

　そこで、半纏を着たままぶっつけをすることになりますが、半纏を着たままぶっつけをすると半纏の大きな袖が空を切り、その風圧でぶっつけがおきる可能性もあって、『ずるい』などと、子守りをしていない子供が子守りをしている子供に対して不満を漏らすこともありました。

いずれにしてもぶっつけは、土べたにおいてある相手のぶっつけに自分のぶっつけをぶっつけるようにして、その風圧なり、ぶっつけた反動なりで、相手のぶっつけを裏返しにさせてとってしまうと言うゲームです。
　もう一つのぶっつけの取りっこのゲームは、遊びの名前を思い出せませんが、板などの平らな台の上に置いた対戦相手のぶっつけの縁に、自分のぶっつけの縁を少し折って、その折った面を台の上に乗っている相手のぶっつけに横殴りにぶっつけて、台の外に出してしまえば相手のぶっつけが貰えると言うゲームです。そして、どちらも台の上に残ったり、両方とも外に出してしまった場合は、引き分けで順番が次の人に移るというゲームです。
　またべーごまも、お正月を中心とした冬場の遊びでした。菓子箱をひっくり返して、裏側を少しへこましたりくぼみを作ったり、厚紙にくぼみを作って台の上に置いたり、いろいろと工夫して薄皿のようなくぼみを作って、その中に鉄製のべーごまを相手と一緒に回し投げ込みます。そうすると．投げ込まれたべーごまは回りながら窪みの中のほうに降りてゆきます。そこで相手のべーごまと接触し始めます。そして、べーごまの回転が強いほうが弱くなったほうを試合場の外にはじきだしてしまうと勝負が決まります。
　強いべーごまを作るために下側をヤスリで削って芯を尖がらしたりなどもしました。
　また、べーごまをとりっこしない単なる遊びをうそっことも言いました。

第2章
食べ物

22 うどんつくり

　我家の夕食は、ほとんど毎日うどんです。物日（正月とかお盆とかの）には、その物日の主役である神仏にお供えする献立が決まっていますので、昼にうどんを食べて夜にご飯という日も多々ありますが、年間365日のほとんどの日にうどんを食べます。

　そしてうどんを作る小麦粉は、自家生産した麦であることに拘って毎年10a位の農地に栽培しています。その麦は大きな農家に刈り取ってもらい、2～3日ばかり天日乾しして水分が14％以下になったら唐箕で調整し保管しておいて、保管庫から1～2袋（1袋30kg）づつ農協の製粉工場へもっていって小麦粉にしてもらって使用しています。

　この、夜はうどんを食べるのだとの我家の伝統は、私の子供の頃にはすでに定着していました。しかし、夏場は麺切り機械を利用して今と同じように細長い普通のうどんを作って、季節の野菜を茹でて糧にしましたが、冬場になるとひ（へ）ぼかー（ひぼかー：ひもかわが訛ったと思われ、ひもかわにこみうどんのこと）でした。ひぼかーは、小麦粉を捏ねて麺棒に巻き付けてほどよく伸ばして薄くしたら、魚の背に包丁を入れるような感じで背をさいて麺棒を取り出し、伸ばしたうどん粉の右方から2センチ程度の巾に包丁で刻んでつくります。

　それを煮干しで出汁をとった鍋の中に、季節の野菜などの具や野良帰りに道端で採ったキノコなど、時には廃鶏とするにわとりを料理（今では考えられないことですが、にわとりが弱ったり死んだりすると料理しました。鶏肉はジャガイモなどと煮てご馳走でしたが、骨は回りにたかっている肉と一緒に鉈で刻んだり、鉈の背でたたいたりして細かくし、肉団子にしていろいろなものと煮込んで食べました）した肉などいろいろな季節のものを入れて煮込んだ中にうどんを入れて煮込んで食べました。

　ひぼかーはいろいろな具がふんだんに入っていて良く煮込まれているので、寒い季節には体中がホカホカするこくのあるご馳走でした。

　そしてひぼかーは、温かいときだけが美味しいのではなく、夕飯に食べ残って冷えても美味しかったので、次の朝にご飯と一緒に食べるのも楽しみの一つでした。

　そして、夕食作りには子供も加わっていました。農家はいつも農作業が忙しいの

で、あまり技術と力を必要としないうどん作りは自ずと子供の役割となったのです。記憶はあやふやで農閑期には母がやったのだと思いますが、私も６歳違いの叔父から夕食のうどんつくりの担当を小学５年生の頃に譲り受けて、３つ違いの妹が夕食を手伝うようになるまでの小学６年生まで行なった記憶があります。

　いずれにしても、昔は家族総出で家業を支え、家族を支えていました。

　勉強しろ勉強しろと言って、子供を家族の生活と分離した場所に置いておくなんてことはありませんでした。

23 さとうだんご

　私は子供の時に、砂糖団子の楽しみを2回持っておりました。砂糖団子は米粉を熱湯でねって蒸したものをちぎって、あんで絡（から）めたものです。

　1回は、集落の女遊びで作るさとうだんごです。

　春の香りがぷんぷんとしはじめた3月半ばの頃に、私の集落においても女遊びと言うさとうだんご作りの集まりの行事がありました。

　女遊びのシステムがどのようになっていたのか分りませんが、女遊びの日になると尾根の常会場に奥さんたちが集まって、それぞれの家から注文された砂糖団子作りをしました（注文の量によって料金を支払っていました）。

　そして出来上がったさとうだんごは、それぞれの注文した家に配られました。

　私の家でも、母が持って行った重箱の中にさとうだんごがいっぱい詰まって、母と一緒に家に帰ってきました。

　もう1回の砂糖団子は、学業成就のお寺として有名な熊谷市野原（のはら）の文殊寺（もんじゅじ）の2月25日の縁日に、野原のりん叔母さんが作ってくれるさとうだんごです。

　電話が個々の家に普及する前のこと、連絡をどうしていたのか知りませんが、文殊様の縁日の日になると家のものから『野原んちに行って来い』と言われました。自転車で野原の文殊寺の近くにある叔母さんの家に行き、用意してあったさとうだんごの包みをいただいてきました。

　女遊びの時に作ってもらうさとうだんごと、野原の叔母さんに作ってもらうさとうだんごは本当に楽しみでした。

　そして、待ちわびてもらって食べる美味しいさとうだんごの思い出は、いまだに忘れられないものです。

24　おなめ

　「紀州名産金山寺あみ清みそ」を食べるたびに、私のお祖父さんの美味しいおなめを思い出します。

　昔は多くの家でおなめを作っていました。そして、それぞれの味を持っていました。私のお祖父さんはおなめ作りが上手でした。作ったおなめは、金山寺あみ清みその味をしていました。お祖父さんは、初冬の頃になるとおなめの麹を作って、その麹を大きな瓶に入れて日当たりの良い縁側の隅においていつも掻き混ぜていました。

　出来上がったおなめは、ご飯のおかずにしたり、ちょっとしたつまみ物にしたりしました。夏はとうもろこしを焼いて実をもぎ、おなめの中に入れてご飯の糧(かて)にするのが私は好きでした。その味はなんとも言えないくらいに美味しく、食欲を湧かしてくれました。

　家によっては、お茶菓子のかわりに出してくれて手のひらに載せてくれました。昔はちょっと家の周りへ出歩くのにハンカチなどを持って歩きませんでしたし、テッシュなどの手拭用紙などをどこの家でも用意しておりませんでした。ですから、おなめを食べて最後に手のひらをぺろぺろとなめて手をきれいにしたのですが、ちょと抵抗があったのを覚えています。

　おなめ作りの上手であったお祖父さんは、昭和37年（1962）1月11日に急死しました。

　その後、父がおなめ作りに挑戦したのは知っていますが失敗したのだと思います。

　それ以後、我家の食卓からおなめが消えました。

　しかし、頂いたりなどして金山寺あみ清みそを食べるたびに、お祖父さんのおなめを思い出して懐かしくなります。

今に残るおなめの瓶

25　お土産のようかん

　私の子供の頃には、泊りがけの養蚕組合などでの旅行や湯治(とうじ)などが農閑期にはよく実施されました。そして、行ってきた人からお土産をいただきました。しかし、その頃のお土産は、旅行先のようかん一本が定番でした。

　そして、近所や親戚から旅行の土産としてもらった一本のようかんが問題でした。

　今でも私が口癖のように言ってしまうのですが、私の家は12人家族のときが多かったので、一本のようかんを12等分に切ってみんなで平等にして食べました。

　目の前で母が均等に12個に切ってくれるのですが、微妙に大きさが違う気がして何時も大きいようかんに目をつけてしまいます。

　しかし私は5人兄弟です。我家ではなんだか年の若い順に取ってゆく決まりが出来ていたので、私の順番は5番目です。私の順番になる頃には、いつも私の意図するようかんはなくなっていました。

　そしていつの間にかようかんを見るたびに、ようかんを一本丸ごと食べることが夢になりました。

　私は未だに大きいようかんを一本丸ごと食べた記憶はありませんが、今ではいつでも何処でもようかんを食べたければ、誰でもが好きなだけ食べられる裕福な時代となりました。

　ですから私も、ようかんを好きなだけ食べて楽しんでいます。

　でも、ようかんを見るたびにその頃のことが思い出され、なんとも懐かしくなってついつい昔話が口をついて出てきてしまいます。

　この話は、死ぬまでお付き合いになると思います。

　葬式饅頭も同じ思いでいつも眺めていたのを書き添えます。

26　焼き餅

　私のおふくろの味に焼き餅がありました。

　私の子供の頃は、自給自足の生活のようなものだったので、食べ物は自分の家で収穫したものがほとんどでした。

　おやつの時間なんて、そんな言葉すら知らないで育ちましたが、農作業のお茶休みの時などに母は時々焼き餅を作りました。小麦粉に水（卵でも入れば最高級）を入れて練ったものを焙烙(ほうろく)の上などにのせて焼くのです。

　麦ご飯(私の子供の頃は米と押し麦の混ざったご飯を食べていました)が食べ残ったときは、麦ご飯に小麦粉をいれてこねて焼き餅を作りました。それを砂糖醤油に付けて食べました。飛び上がるほどの美味しさとまでは言えないまでも、何もなかった時代の食べ物としては楽しみの食べ物でした。

　また母は、麦ご飯に小麦粉をまぶして小判のように握り、茹でたり蒸(ふ)かしたりした餡この入っていない蒸かし饅頭のようなものを作りました。何と言ったのかは忘れましたが、焼いたのと煮たのとの違いだけでした。

　お茶休みに茶菓子をお店から買ってきて食べる習慣がなかった時代には、お茶休みなどに出てくる焼き餅は本当に楽しみなものでした。今でも懐かしいお袋の味です。

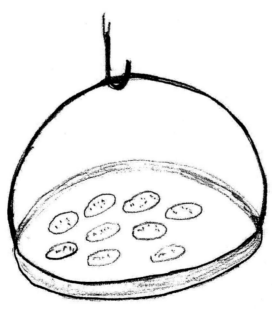

第3章
農業・手伝い・世話

27　はなどりとしんどり

　昭和30年代後半まではどこの農家にも牛（馬も何頭か）がいました。

　牛の鼻にはしんちゅう製の鼻輪がつけられ、牛小屋の入り口には、まあせん棒という囲い棒がはめられておりました。

　牛に仕事をして貰う時には、牛小屋に行って鼻輪を捕まえ鼻輪に手綱をつけて、まあせん棒をはずして牛を牛小屋から引き出します。牛は純朴で温厚な性格をしておりますので、引き出した人に従い農作業に従事してくれました。

　ですから農家は、牛を家族のようにとても大事にしていました。牛小屋は母屋の一角（入り口を入って右側のおくの方）に設けられ、生活を一緒にしている農家がほとんどでした。

　こんにちわと言って家に入ると、モーと言って牛が返事をしてくれるような感じでした。

　そして、牛の仕事は多彩にわたります。

　その一番の仕事が、荷車による物の運搬です。米・麦の収穫期には米・麦のわら束を運びました。繭、米、麦などの農産物の出荷の日には、荷車に積んで農協などの出荷場所まで運びました。山仕事でも、畑の仕事でも、田んぼの仕事でも、運搬する仕事はすべて、今のトラックの役割を牛が牽引する荷車によって行っていたのです。

　2番目の仕事が、農地（田畑）の耕起、水田の代掻きです。耕起するための犁（すき）、代掻き用の馬鋤（まんが）を黙々と引いてくれて農地を耕す手伝いをしてくれました。人と協力して今のトラクターの役目をしてくれていたのです。

　3番目の仕事が、飼い葉桶（餌桶）に飼い葉切り（押し切り）で切った藁を入れて、その上にふすまのほかに農家の残飯まで入れて掻き混ぜて食べさせると、農地の活力源となる堆肥を作ってくれることです。牛小屋には、稲わら、麦わら、木の葉をいれて牛小屋の敷物にしました。そこで牛は、藁などの上に糞尿をして踏み込み、良質の堆肥を生産してくれました。言わば、堆肥の生産機のような役割も担っていました。

　そして4番目の仕事は、牛にとっては悲しいことかもしれませんが、子牛を生み、その子牛を農家が販売することによって農家の生計を潤すことです。そして老齢に

達したときには、肉用として自ら身をささげて農家の経営を助けます。
　馬喰(ばくろー)（牛、馬などの家畜を売り買いする人）が来て、子牛を売り渡すとき、老牛が肉用牛として売られていく時に見せる、自分の定めを感じて流す牛の涙に、子供心にもいたたまれない気持ちを感じたものでした。
　そして、そんな牛が農作業に携わってくれる時に、牛の鼻輪につけた手綱を持って牛に作業の指図をする仕事をはなどりと言います。牛に鞍をつけて、牛が農地の耕起や代掻きのために犂や馬鋤を引いてくれる時には、牛の鼻輪に綱ではなく竹の棒をつけて、ついたり引いたり、牛に作業の指図をしやすいようにします。そして、その牛（馬）が引く犂や馬鋤の操作をする仕事をしんどりと言いました。
　この耕起や代掻き作業のときに、力をあまり必要としないはなどりは、女や子供の仕事でした。特に子供の重要な仕事となっておりました。
　私の家でも、私が物心ついた頃より田植えの準備の為の水田の耕起、代掻きの時の牛のはなどりは子供である私の仕事でした。しんどりは父の仕事でした。昔は田植え時、稲刈り時に小中学校は農繁休暇もあったので、戦争の話などを聞かされながら手伝いました。
　麦刈りを終えると、田植えの準備として水田の耕起と代掻がおこなわれました。特に私の祖父は植える前に田を濁しておくものだとの作業手順に信念を持っていましたので、植手(うえて)（田植えを委託した人達）が来る日は、夜中の２時頃に起きて牛を引きだし、父と一緒に水田に行って代掻きをしました。何処も眠る丑三つ時の真っ暗な中で、水田の中に足を一歩踏みいれた時の足で感じた冷たさ、感触は今でも忘れられません。
　はなどりをしながら、朝が白々と明けて行く思いも忘れられません。
　でも、日頃は温厚でおとなしい牛も、春蚕から麦刈り、田植え作業と、毎日毎日重労働が続くようになると疲れを感じてくるのだと思います。だんだんと鼻輪を取らせたくない仕草をするようになります。
　小学５年生の頃だったでしょうか。牛小屋に行き、餌で牛をおびき寄せてやっと取った鼻輪に手綱を通し、まーせん棒を外したところが急に牛に角を突きつけられました。あわてて逃げ出し、牛舎の前にあった堆肥場を挟んで牛としばらく睨み合った覚えがあります。
　あのときの恐怖は未だに忘れられません。

はなどりで忘れられないことがもう一つあります。私の祖父は血圧が高く脳いっ血の持病を持っていて時々意識を失ってしまうことがありました。

　冬場の仕事の主流は山仕事です。学校から帰ると祖父に急変があって、山仕事に行っている父母を迎えに行ったことが２回ぐらいありました。その時は、父母を先に家に帰して荷車を牛に引かせてはなどりをして帰りましたが、その時の家族の事情を悟りきっているかのようにおとなしくついて来る牛をいとおしく思ったことが思い出されます。

　いずれにしても、牛は農家にとって貴重な労働者であり協力者であり、経済動物でありました。そしてまた、農家の家族の一員でした。

28　うさぎの世話

　昭和25年（1950）に勃発した朝鮮戦争の特殊需要などもあって、昭和30年代に入った頃から日本の経済も生活も著しいほどの向上、発展を遂げて、農村の生活も大きく変わりました。
　燃し木を中心とした生活からガスや電気を利用した生活へと移ってゆきました。
　そして、農家のお嫁さんにも土木工事やゴルフ場でのキャディなどの副業仕事にありつける機会が出てきて、それなりに自由に出来る小遣いも出来てきました。
　しかし、それまでの農家のお嫁さんには、財布の紐は舅、姑が握っているので、自由に出来る小遣いはありませんでした。実家の親からもらった小遣いを使うのにも、義父母に気を使う状況でした。
　ですから、昭和20年代のお嫁さんの小遣いとして、りんご箱に金網を張ってうさぎ箱を作ったり専用のうさぎ小屋を作って、その中でうさぎを飼育して、大きくしたり子うさぎを生ましたりしました。そして、そのうさぎは、うさぎやと言われる仲買人があちらこちらに居て、子うさぎや肉用として大きくなったうさぎを買いに来ました。何の小遣いも得られない若い嫁さんにとっては、とても貴重な小遣いでした
　そのお金で子供に少しばかりのものを買ってやることが出来ました。と言っても、お嫁さんは家事から農作業までも行なわなければならない立場でした。
　そこで否応無く、うさぎの餌とする草とりは子供たちも手伝うこととなりました。学校から帰るとみかいかごを背負って、道路のあぜや桑畑の中に生えているうさぎの好みそうな草をとって帰りました。そして、うさぎの入った箱の中に入れてやると、美味しそうに食べるうさぎは、何とも愛らしい赤い目をしていました。
　うさぎの飼育は、姑さんにも、子供にも広がってゆきました。

29　ヤギの世話

　ヤギを飼うようになったのは戦後のことだったのでしょうか。昭和30年代の頃までは、動物性たんぱく質の多いヤギの乳を得るために多くの家でヤギを飼っていました。

　早春にヤギが出産すると、子ヤギの世話とともに、ヤギの乳しぼりがはじまります。私も学校に行く前にヤギの乳を搾って、飲めるようにするまでの一連の作業を担っていました。手順としては、草などの餌をヤギに与えて餌で山羊の気をそらしておいて、その間に暴れないようにヤギの足を杭に縛って乳を搾りました。

　しかし、忙しかったり厄介になったりすると、餌を与えながら山羊の片足をもって乳を搾ってしまいました。すると、ふいに持っていない方の後ろ足で蹴られたり、乳の入った入れ物をひっくり返されて大慌てすることがありました。特に乳の入った入れ物をひっくり返されて、中の乳がほとんどこぼれてしまった時はがっかりです。

　乳を搾るときは、ヤギの乳頭の上側を親指と人差し指で、乳頭の中に入っている乳が逆流しないようにしっかりと握り、乳を押し出すように中指、薬指、小指と順番に素早く乳頭をにぎってゆきます。すると、乳が水鉄砲から出てくる感じで、入れ物の中に、ジュージューと音をたてて入ります。乳の絞り具合の強さによって、それなりの音になるのも興味そのものです。

　そして乳を絞り終わったら、入れ物を持って勝手に行き、吸吐(すいはく)をビンなどの上にのせ、その上にゴミ濾し用の布巾などを乗せて、上から山羊の乳を注ぎます。

　すると、乳は、吸吐の出口からビンなどの中に注がれ、山羊の乳の中に混ざってしまった山羊の毛などのごみは取り除かれます。そしてその乳は、沸騰消毒して一連の作業は終わりとなります。

　この一連の朝の仕事が、朝食前の子供の仕事として、私に割り振られていました。

30　朝草刈り

　昔は、何処の農家でも農耕用に供するために牛か馬を飼育していました。そして、夏になると何処の農家でも牛や馬の餌にするために、朝の草刈りを日課としていました。

　私も物心ついた頃より朝の草刈りをしていました。と言っても、小さい子供が大きな竹籠を背負って草刈りということも考えられませんので、小さいときには見よう見真似で草刈りを手伝い、一人前に朝の草刈りを行なったのは、小さくても小学4～5年生になってからだと思います。

　朝の5時前に起きて、朝草を刈ってから朝飯を食べて学校に行きました。

　そして学校の帰りには、水田の中の畦道をジグザグと通りながら、明日の朝はどこで草を刈ろうかと思い、草が伸びているところを探しながら帰りました。

　そして翌日の朝、竹籠を背負って、目星をつけておいたところへ行くと、近所の人が先に草刈りをしている時にはがっかりしました。

　その頃は、どこの家でも朝草刈りをしていましたので、今のように草がボーボー生えているところはありませんでした。ですから、草丈が15cmも伸びていたならば貴重な場所でした。

　朝草を刈ってきて、草籠を牛小屋の前に下ろして、刈ってきた草を牛小屋の中に入れてやると牛は嬉しそうに食べます。『たてにする』と言いますが、籠の中をいっぱいにしてから、籠の一番上のところに少しでも籠の容積より多く入れるように草を立てて詰めこみました。

　しかし、良い草刈り場がなくて帰る時間が迫っているときなどは、籠の中がすかすかでも、上の方を立て草にして如何にもいっぱい取ってきたように見せかけます。でも、そんなことをすると、牛小屋の前で勢いよく背負ってきた籠を下ろすと、下ろした拍子に立てにして詰めた草が籠の中に埋没してしまいました。慌てて牛小屋の中に草を放り込んで、牛にくれたので籠の中の草が減ってしまったのだと言う顔をしました。その辺のところは親もお見通しであったと思いますが、子供心にもそんな悪知恵も考えたことのある草刈りでした。

　しかし、その朝草刈りも、昭和30年代中頃からのマメトラの普及により牛馬による荷車による運搬や農地の耕起や代掻き等の管理がマメトラ利用となり、農家か

ら牛馬が消えていくのと同時に朝草刈りも必要がなくなりました。夏の朝の風物詩が消えてゆきました。

　部落の懇親会などで先輩たちから聞く朝草刈りの話にはおもしろい話がいっぱいありました。朝草刈りに行くふりをして家を出て途中で着替えて遊びに行ったとか。夜遊びから帰ったのが朝になってしまったので、そのまま草刈りの用意をして人目のつかないところで寝ていたとか。きりがありません。

　しかし、だんだんとそんな昔ばなしを話してくれる人も少なくなってきました。
　一抹の寂しさを覚えます。

31　薪づくり

　私の薪づくりでの思い出でには、いつも雪がありました。

　昔はどこの家でも、冬場になるとやましをして、一年分の燃料を木小屋に中に納めていました。くずぎは直ぐにそのまま木小屋に入れました。下刈りした雑草や下木は桑畑などに持ってゆき畝間に敷き込みました。

　間伐材などの棒はそのまま庭に積んでおきました。そして、股木などを利用して作った架け台に固定して薪の長さに切りました。

　この時に、子供などの手伝いがいたら棒に馬乗りさせたり、持って貰ったりしてガタガタしないように固定して切りました。誰もいない時には、自分で棒に足をかけて固定して切りました。そして庭に切った棒がたまると太いものは鉞(まさかり)で割って細かくし、直径35cmぐらいの薪束を作って木小屋の中に積み上げました。

　その薪づくりは、雪が降ってきたので、畑に行っても仕方がないから薪づくりをしよう。雪が積もっているので畑仕事が出来ないので薪づくりをしよう。仕事が中途半端になったので薪づくりをしよう、と言った具合に、他の仕事の出来ないときに、冬場の仕事としたのが薪づくりでした。

　それで、私の思い出の中に出てくる薪づくりは、いつも雪がサッササッサと降っている光景が頭の中に浮かんできます。

32　お蚕様

養蚕は昔から農家の主要な収入源でした。
ですから蚕は、お蚕様と言って崇めてきました。
そんなお蚕様との子供の頃の想い出は、

1) 蚕室

　お蚕様は、家で掃き立てたので、蚕の飼育が始まる4月下旬までに蚕室をつくりました。16畳よりもあったでしょうか。蚕屋の一区画を障子で囲い目張りをして、温度が逃げないように密閉した部屋を作り、その中に水洗いした蚕棚を組み立て、そこに蚕ぱく（通称「竹かご」）と言う蚕を飼育するための竹製の平籠を差し込み、普段は蚕室の中の床下に隠している囲炉裏を開き、近所の養蚕農家と一緒にホルマリンによる共同消毒をおこなって掃立を待ちます。
　その年の桑の芽吹き状況を参考にしながら、掃立て日が決定され蚕種が運ばれてきます。そして、お蚕様が掃立て（蚕の卵から孵化した幼虫を羽根箒で蚕種紙から掃きおろし初めて桑を与える作業）られると、通常2令まで蚕室において温度管理に気をつけながら24時間体制での稚蚕飼育が行なわれました。
　私も、物心ついた時には蚕室の中にいました。そして、大きなまな板の上で、大きな包丁で小さく刻まれた桑の給餌や除さを手伝っていました。ですから、生暖かさの混ざった甘酸っぱいような蚕室のあの臭いは忘れられません。それとともに忘れられないのは、5～6歳のころだったでしょうか。蚕室の中の囲炉裏の中に足を突っ込んで火傷をしてしまって、びっこを引いている時に、蚕屋の前の下道を源三叔父（母の弟）が山羊を引いて通りかかったのを覚えています。

2) お蚕あげ

　私の子供の頃のお蚕あげは、透明状のきいろの色に体がなったひきり（熟蚕）を、一匹づつ拾い上げて藁まぶしに入れてやることでした。
　ですから、その頃のお蚕あげは、ひきりが出始めると一斉に何万もの蚕を拾わなくてはならないので、近所や親戚の人にも応援を求めて手伝ってもらいました。
　お蚕様は時期が来て暖かくなると、一斉にひきりになってゆく習性を持っている

ので、夕方ひきりがいくつか見えると、明日は10時から学校を早退してくれ、朝方に何匹かひきりが見えると、今日は午後から早退して手伝えと親から言われました。どうしようも無いときには、学校へ行って教室の黒板に名前を書いてくるだけで、早退扱いになったので（自分でそう思っているだけ欠席扱いになっていたのかもしれません）、駆け足で学校まで行って黒板に名前を書いてきたこともあります。

お蚕あげの時には、学校を早退して手伝うことは当たり前のことでした。そして、お蚕あげの手伝いは、役場に奉職したあとも許される範囲内で蚕をやめるまで続きました。

私の小さい頃のお蚕あげの仕事は、みんながそれぞれにひきりになった蚕を拾い集めて入れた雑器（ひきりを入れるおぼんのような容器）がいっぱいになったら、その雑器の蚕を箕の中に移し変えて、屋根裏の3階又は2階でまぶしの中にひきりの蚕をいれている父の所へ持って行くことでした。

6〜7人前後の拾い手から「雑器がいっぱいになったからお願い」と声をかけられました。そこで、駆け足で集めてまわり、駆け足で3階又は2階（2階の蚕は3階に上げ、1階の蚕は2階に上族）に持って行きました。大きくなるにつれて私の仕事も力仕事へと変わってゆきました。それにもまして、お蚕あげのやり方も、昭和26年（1951）から普及が始まった回転まぶしが30年代後半には主流を占めるようになったので、お蚕様拾いも、一匹一匹の手拾いから簡易条払い機、そして動力条払い機と推移し、条桑からお蚕様を無理やり振り落とす方法に変わりました。そしてその上に網をかけて、網の上にお蚕様を這い上がらせて、ゴミと分離して回転まぶしの中に振り込んでいく方法に変わりました。

なぜか生産工場方式になったような気がしました。

3）わらまぶし作り

我が家の蚕屋の3階には、藁を交互に折っただけの簡易まぶしを作る器械があり、その機械で編まれたまぶしに蚕

を上族していました。

　しかし、戦後になってからの普及だったのでしょうか。それとは別に、藁でまぶしを編む機械があって、私が小学生のころには、そのまぶし織り機械で編まれた改良まぶしが主体となっていました。

　今は編み方を忘れてしまいましたが、簡単な編み方であったので、親に頼まれて冬場の仕事として、足りないからと言われて、随分多く作りました。

　しかし、昭和26年（1951）から普及が始まったとされる回転まぶしの普及により、徐々に藁まぶしは主流の座を追われ、昭和30年代後半になった頃には、回転まぶしに上族しても繭を作らずにいたお蚕様を「もしかしたら、繭を作るかも知れない」との理由で、藁まぶしの中に上族しておこうとの残務処理的な使用方法になっていたように思われます。

4）桑つみ

　昭和34年（1959）に技術体系が確立され、年間条桑育の技術が普及したので、昭和30年代後半から桑つみの仕事がほとんどなくなりました。しかし私の子供の頃には、春蚕の4～5令期はいずれにしても、初秋蚕や晩秋蚕はほとんど摘み桑で飼育していました。

　ですから、学校から帰ったり、休みの日などは桑爪をつけて、親たちには負けないように桑摘みを歯を食いしばって頑張ったものです。お蚕様は、昼夜を問わず気候に関係なく、温度が適温であれば桑を食べ続けますので、桑が無いとなれば、雨でびっしょりになっても、月の光の中でも桑を取り続けました。

　昭和34年（1959）の七郷中学校一年生の夏休みの作文をまとめた作文集『ある夏休みのことです』に載っているえみこさんの作文のように、私も桑摘みの手伝いを当たり前のこととして、朝早くでも、雨が降っても、夜になっても、何のためらいもなく積極的に手伝いました。

5）繭だし

　繭だしも30年代中頃までは、牛の引く荷車に積んでの出荷で、繭の出荷場所は、七郷村農業協同組合（今の埼玉中央農業協同組合嵐山支店）でした。

　そして私は、物心ついた時には、出荷のたびに繭だしの手伝いをしていました。

繭を出荷する朝は、まだ暗い内に起きて、父母、祖父母と一緒に、色つき繭など に気をつけながら繭袋の中に繭をつめて、秤で量って目方を確認して荷車に積み込 みました。そのあと忙しく朝飯にして、私は学校に行く支度をすませて父と一緒に 家を出ました。

　農協に着くと、繭の袋を荷車から下ろして順番を確保し、繭の傍に私が監視役と して居て繭の選検が始まるのを待ちます。その間に父は、手頃のよいところを見つ けて荷車を置き、牛をつないできます。

　やがて受荷の受付時間が近づくと、養蚕組合の先生や職員、それに繭の出荷を手 伝う人達がやってきます。そして選繭係、計量係、記録係、積み込み係と、それぞ れの係が持ち場に着くと受付が始まります。

　受付が始まると、選繭台の上に繭が乗せられて、選繭係が選繭台の上に乗った繭 の中から、色つき繭、玉繭などの悪い繭を取り除き、良い繭を選繭台の掻き出し口 から製糸会社の集荷用の繭袋につめてゆきます。

　このときに養蚕の先生は、選繭台の繭を手にとって繭の品質の等級を決めます。 等級は繭価にも大きく影響しますので、先生の言葉に養蚕農家は一喜一憂しました。

　そして、袋詰めにされた繭は、所有者によって計量係のところの台秤に乗せられ ます。計量が済むと養蚕組合に引き渡されます。その後は養蚕組合の関係者によっ て、製糸会社が引き取る所定の場所に積み込まれます。

　また一人、また一人と選繭が終わるたびに、順番を待つ人達は自分の繭袋を前に 進めてゆきます。そして選繭台に近づくと、順番の人の繭袋を選繭台の上に乗せて 袋の中の繭を空けるのを手伝いっこして、スムーズに選繭が出きるように協力しあ います。

　私の仕事は、自分の家の繭が他人の繭袋と混ざらないように管理すること、選繭 台に近づいたら手伝いっこをして順番がきたら繭袋を選繭台の上に乗せて繭袋を空 けて（選繭台の上に乗り、近くの人に繭袋を台の上に乗せてもらって、その袋を空 にすることが多かったです）選繭が終わったら、帰るまで繭袋を保管して置くこと でした。

　父の仕事は、選繭が始まると選繭人の傍に行き、選繭され袋詰めにされた繭を計 量台の所まで運びます。そして、関係役員が秤に乗せて計量を終えたら、家で量っ た数量と出荷量を比較して納得できる範囲であるか確認し、荷受票を受け取ること

でした。

　そして、荷受の終わった父に繭袋を渡すと私の仕事は終わりとなって学校に急ぎました。

　繭だしの手伝いは、中学校まで同じような形で続き、高校に入ってからは、都合の許す限り自転車で父の後を追って繭の集荷所に行って手伝いました。

　就職してからは、私のトラックに繭袋を積んで父がバイクで私の後を追い、荷受が終わりしだい私は職場へ、父はバイクに繭袋を積んで家に帰りました。

　私の住んでいる古里地区は、いつも繭だしの順番が早い地区に入っていたので、出勤前の繭出しが可能だったので、養蚕をやめる平成１１年（1999）まで、ほとんど繭出しに携わりました。

６）桑原きっかけ

　山の仕事も終わり、冬場の仕事も一段落して春の芽吹きを待つ３月下旬頃から４月の上旬にかけてが、その年の良い桑園を作るための手入れの季節です。

　桑の畝間の一方の桑株の根元に、畝間にある草やゴミをけずり寄せ、その上に桑園専用の丸桑(まるそう)肥料を施し、そのまた上に、山で刈り取った下草などを敷き込みます。そして反対側の方の土をきっかけ鍬で切り取って、その土をかける作業を桑原きっかけと言いました。

　この作業は、桑の生育に必要な元肥となる金肥を入れ、下草などを入れて土をつくり、古根を切って新根を増殖させて、桑木を若返らせて良質な桑葉を量産するためのものです。

　ちょうど学校が春休みの時期の作業でしたので、桑原きっかけには毎日のように狩り出されましたが、桑原きっかけには楽しみもありました。一生懸命に土とにらめっこしてする仕事なので、矢尻とか、石斧とかが見つかるのです。その発見に興味を持っていましたので、そんな石を見つけると手にとって喜んだり、がっかりしたりもするのも仕事の合間のひとこまでした。

　そんな仕事の楽しみの中でひろった矢尻や石斧などは、家に持ち帰り引き出しなどに入れておきましたが、母屋の建て替えなどをする中で、どこかへ行ってしまいました。

　残念に思っています。

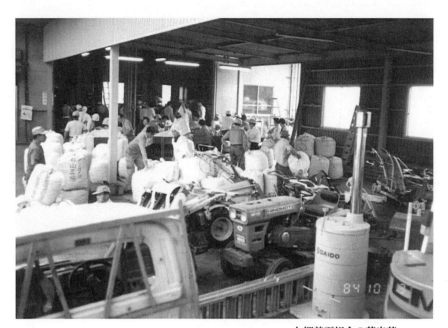

七郷養蚕組合の繭出荷

33　しょいたとやりん棒

　昔、私の家の前の水田耕地は圃場整備がなされていなかったので、これといって車で通れるような道路はほとんどありませんでした。そこで、水田から荷車の通れる道路までの運搬、水田から家への稲束の運搬は、短いはしごのような形をした背負板（背負子とも言う）か、両端を槍のように尖らしたやりん棒を使用していました。

　背負板には、5～6束も稲束を括り付けて背負います。やりん棒には、前後に1～2束づつ稲束をさして担いで運びます。今では考えられないような仕事をやっておりましたが、それを子供が手伝うのは当たり前のことでしたし、子供心にも年毎に背負板に結わえ付ける稲束が増えていくことに、逞しく大きくなっていく自分が誇らしいような嬉しさを感じたものです。

　納屋に積み上げられた稲束は、脱穀され籾摺りされてお米になります。もちろんこれらの作業も子供のお手伝いの対象でした。

　また、全部の水田に麦も作付しましたが、その麦束も同じように、背負板とやりん棒で狭い畦道を担いで家まで持ってきて脱穀しました。

背負板とやりん棒

34　こどもの使い

　昔は、電話や宅急便などありませんでしたので、物日などに作った御馳走やちょっとした贈り物、伝言などの親戚などへの使いは子供の役めでした。

　昭和30年代後半までの乗り物は、バイクが流行始めたものの自転車か歩きでした。ですから大人は、忙しい生活の中でちょっとした親戚などへの使いをしている余裕はありませんでした。それに、子供が使いならば使いを出した方も使い先においても、忙しい生活の中で接待することに気を使わなくても済むと言う、今から考えると生活の知恵でもあったのだと思われます。

　初めての親戚などへ使いに行く時は、どのようにして行く道を知ったのか覚えておりませんが、子供の頃から使いに行っていました。

　ですから、山にそった木の葉の積もった細い道を通って、小川のおばさんの家に（昭和30年代頃までランプがありました）行ってランプの光の中でお汁粉をご馳走になった時に、明るい生活に慣れていたので暗くておわんの中が見えなかったので困ったこと、勝田（かちだ）の親戚の家に行った時に、まだ中学生ぐらいだったと思えるお姉さんが手をついて挨拶してくれるので、小さな私はどのように挨拶を返したらよいかと戸惑ったことなど、お使いのたびごとの、いろいろなことの思い出がいっぱいあります。

　隣の光一小父（おじ）さんは、秋から春先にかけて蒟蒻とところてんを製造するこんにゃく屋を営んでいました。それで私は、こんにゃく屋の運び手伝いもしました。注文が急にあると、小父さんが「基氏いるかい」と言って、蒟蒻やところてん運びを時々頼みに来ました。行く場所は、ほとんど熊谷市（旧江南町）の大沼公園にあるお店か、県立農業教育センター前の大坂（おおさか）を熊谷方面に下った所にあった店でしたが、自転車の後ろに、蒟蒻やところてんを入れる特別製の箱を積んで、光一おじさんに頼まれるままに運びました。

　しかし、お店に行って箱から取り出して、お店の容器に移し替えてくるのですが、間違って落としてしまったら大変です。蒟蒻はぐにゃぐにゃしていて壊れないのでまだ安心なのですが、ところてんを落としてしまったら、ばらばらになって商品にならないので大変です。

　ところてんは、大きいままなので12個ぐらいに切ってところてん突き（道具）

に入る大きさにする道具で、お店の容器の中に切り込んでくるのですが、容器の中に入れるのをお店の人は良く見ています。どんなに丁寧にお店の容器に入れようと思っても、ところてんの角が少し欠けがちなので、見られながらの作業は非常に子供ながら嫌なものでした。

　そんな思いもしながらも、子供の頃、光一おじさんに頼まれるとお使いをしていました。

　今は、加工されてビニール用品の中に入れられたところてんばかりで、ところてん突きの道具でおわんの中にところてんを突き出して食べることはなくなりました。しかし、作り立てのところてんをおわんの中に突き出して、お醤油や唐辛子を振りかけて食べる、本当のところてんの味をもう一度味わいたいものです。

35　たなぐさとり

　水田除草剤が開発される昭和30年代頃までは、水田に植えられた早苗が根づき、水田の雑草が生え始める7月上・中旬頃に田打車（たっころがし）で雑草の初期防除に努め、その後に水田に這っての雑草防除のための田なぐさとりが、稲の株間が塞がって雑草が生えなくなる8月上旬頃まで行なわれました。

　たなぐさとりは、手指で引っかくような方法で稲の株間の雑草を取って手の中に雑草が溜まったら土の中に突っ込んで除草する作業のことを言いますが、雑草繁茂を防除し水稲の生育を促進させるためにやらなくてはならない重要な仕事でした。

　この仕事は、子供から大人まで家族が横に並び、それぞれの力量に応じて、稲株の3列から6列ぐらいを受け持って行なうのですが、早いものが遅い者の手助けをしながらも、だんだんと離れてしまいます。それに、稲株が小さい時のたなぐさとりは良いのですが、2番ご（2回目）、3番ご（3回目）になってくると、稲が大きくなってきて、稲株の中に顔を突っ込んでたなぐさとりをするような格好になるので、稲の葉がやたらと顔にあたったり手にあたったりして、切り傷ができたり擦れたりしてヒリヒリ痛かったりしてたまりませんでした。

　子供の頃の田植えの時には、早苗を結わえた藁の中に稲を植えるとその稲の葉でたなぐさとりの時に目を突くから結わえた藁は前に投げるようにと、昔からの言い伝えをうるさいほどに言われましたが、葉の先で目を突いたり、顔を突いたりの危険も伴う作業ですので、長い稲つくりの歴史の中には、目を突いて失明した人がいた事も頷けます。

　今は、水田の除草剤が開発されて、昔のようなたなぐさとりは無くなり、腰を曲げながらのたなぐさとりの苦労が偲（しの）ばれますが、腰を伸ばしたときに涼しい風が頬をなぜて通り過ぎると、その感触と香りに、何とも言いがたいほどの心地よさを感じ、宝くじを引き当てたほどの儲かったような気分になったことを思い出します。

36　稲刈り

　昭和50年（1975）頃までの稲刈りは、秋のお日待ち（昭和40年代ごろまでは9月19日と決まっていて、神社の秋の大祭が行なわれ獅子舞が奉納されましたが、今はその前の日曜日となる）の頃から田んぼの溝上げ(みぞあ)（田んぼが乾くように田んぼの周りや中に30cm巾ぐらいの排水用の溝を掘る作業）が始まり、田んぼが乾いた10月下旬頃より本格的な稲刈りが始まりました。

　稲刈りはすべて手作業でしたので、子供も貴重な労働力でした。ですから、稲刈りの時期が来て日曜日ともなると、どこの家でも家族だけでなく親戚までも総動員して稲刈りを行なうので、前の水田耕地は賑やかでした。どこを見ても稲刈りの花が咲いているような光景でした。

　しかし、子供の頃は、まだ田んぼが整備されておらず、これといった道路もないところがほとんどでしたので、稲刈りに田んぼに行くときには必ずハンデイ棒か、ハンデイ棒の足などを担いだりして材料を運びました。

　それぞれの田んぼごとに稲刈りが終わると、父がハンデイ（稲を吊るして乾燥させる仕掛けを場所によっては、はざがけなどとも言っているようですが）を作り始めます。みんなは選って水で濡らしておいた藁で、7～8株の刈り取った稲株をまとめて結わえ始め、結わえ終わるとハンデイの側に寄せておきます。人が多いときは結わえるのと、ハンデイ掛けを手分けして始めたりもします。その手順は、梃子(てこ)の人が一結わえの稲を取り上げて、その5分の1ぐらいの稲株をつかんで分けてから吊るし掛けする人に渡すと、受け取った人は直ぐにハンデイ棒に吊るし掛けできます。ですから二人の呼吸によって早くも遅くも作業が進みます。

　ハンデイ棒に対して稲の方が少し多い場合には、吊るし掛けした稲の上に、一結わえを半分にして、人が馬に乗るような形で重ねて掛けます。ですから、重ね掛けを「馬に掛ける」とか「馬掛けにする」と言いますが、美味しいお米が出来るのは、初冬の空っ風の中でハンデイに掛けて天日で自然乾燥させるからだと言われています。

　そのように重労働ながら、家族が力を合わせてひと田んぼ、ひと田んぼと稲刈りを終わらしていくときの達成感はなんとも言いがたいもので、ひと田んぼ、ひと田んぼごとに、終わった終わったと、終わった時のなんとも言えないような喜びが湧

いてきてがんばりました。

　中学1〜2年生の頃だったのでしょうか?。暗くなってきたので稲刈りを終わりにして帰ることになりました。でも、大きな月が昇ってきたので、家族の者が帰った後に驚かせてやろうと思い、3畝ぐらいの一つの田んぼを月の光で刈ってしまった事がありました。

　今の子供に比べて、なんとも逞(たくま)しく意地もあったものよと、自分で思い出しても感心する稲刈りの思い出でもあります。

37　麦まきと手入れ

　稲刈りが終わると麦まきが始まります。

　畑はサツマイモを掘った後に麦を蒔きつけました。

　そして田んぼの麦まきは、稲を刈った後の株のさくを中心にして両側にさくを切って、広巾なさくを作り麦を蒔きつけます。まだ刈ったばかりの稲がハンデイに掛っているときの麦まきですから、ハンデイの足のまわりには気を使います。

　さくを切り終えると、金肥（化成肥料）を施し、その上に麦を蒔きつけて、牛小屋で牛に踏ませて肥間で発酵させた木の葉などをかぶせました。

　そして麦蒔きの一連の作業を終えると、麦を蒔いたさくの上に、さくを切った土を振り馬鍬(まんがあ)の下側についている掻爪で土を細かくしながら振り入れて覆土します。

　この振り馬鍬は2人用で、馬鍬本体から両側に伸びる取っ手を、お互いにそれぞれ向き合って握り、気を合わせて振り馬鍬を振らなくてはなりません。特にハンデイ棒の下とか、田んぼのヘリなどは、喧嘩などしてお互いの呼吸が合わないと作業が進まないものです。私も、この振り馬鍬振りを小学5〜6年生のころから父としたり、母としたりして手伝いました。また一人用の振り馬鍬もあり、相手がいない時、修正する時などにつかいました。

　そして、麦の手入れが始まります。

　麦が芽を出して伸び始める12月中旬頃から、麦踏みをしなくてはなりません。麦踏みはたくさん踏むほど麦が逞しく育って良い実が出来ると言われますが、ひと冬に3〜4回ほど踏み足に体重をかけるような感覚で力強く踏みました。

　暖かくなり麦が伸び始める3月下旬頃から、麦の中に麦と競争して雑草も伸びてきます。ですから雑草に麦が負けてしまわないように、3月下旬頃から4月中旬頃までが麦の中の草取りの時期となります。それで、その頃は春休みの季節なので、まいにちまいにち麦の中の草むしりを手伝うこともありました。

　麦の中の草むしりが終わると、麦も大分腰を持ち上げてくるので今度は土入れをしました。鍬(くわ)の刃の部分が網のようになっている土入れ道具（鋤簾(じょれん)）でおこないます。麦の根元をしっかりさせるとともに、除草の効果を高めるためだったと思いますが、鍬で土をさらうような感じで、畝間の土を浚いあげ、伸びあがってきた麦の上から麦の茎間の中に土をふるい入れました。

麦まきをした後、麦踏み、草むしり、土入れなどの一連の麦の手入れが終わると、麦栽培における子供のお手伝いは麦刈りまでしばらくないことになります。

『麦作りとその用具』(埼玉県立歴史資料館、1985年) 33頁、
『埼玉の民俗写真集』(埼玉県、1991年) 79頁

『埼玉の民俗写真集』(埼玉県、1991年) 79頁

『麦作りとその用具』
(埼玉県立歴史資料館、1985年) 34頁

柔道会の子ども達と振り馬鍬
古里農園民具・農具展示場にて

38　にわとり

　我が家の蚕屋の前の西側の隅に、にわとり小屋があって、何羽かの白いにわとりを飼っていました。とり小屋は平飼で中の一段高いところに卵を産む部屋と言うよりも大き目のりんご箱を置いたような産卵場所がありました。しかし、わざと外に出したのか記憶が定かではありませんが、にわとりが蚕屋の庭や前の桑畑の方までうろうろしていたことも記憶に残っています。

　そして卵は、熊谷から「鳥すい」と言う業者が2週間ごとぐらいの日曜日に、尾根の常会場にやって来て卵を買い取ってくれました。近所の人達もそれぞれの家の卵を持って常会場に集まり、竿秤で重さをはかって値段を決める買受人の周りに陣取って、よもやま話に花を咲かせながら順番を待ちました。

　その当時も、今と変わらないほどの卵の値段であったような気がしますから、農家にとっては貴重な収入源であったと思われます。ですから家でにわとりを飼っていても、卵は病気でもしなければ食べられないほどの貴重品でした。

　そして、ちゃぼっとりも飼ったことがあります。

　電気屋の叔父が、どこからかもらってきたのだと思っていますが、牛小屋の周りで放し飼いにしておりました。ですから、堆肥場をかっぱいたり、家の周りをかっぱいたり、前の桑畑をかっぱいたりして家の周りを駆け回っていました。

　卵を産む場所はほとんど決まった場所に産んでいましたが、時として、卵を産む場所でない隠れた場所に幾つもの卵を見つけることがありました。惚けたちゃぼ（にわとりのこともありました）が産んでおいたものです。

　なんだかその時は、ただで儲けたような気分になって嬉しくて興奮したものです。

39　帰ってきた伝書鳩

　昭和30年代初めの頃、我が家の蚕屋の前の西側の隅のにわとり小屋の上に鳩小屋が置かれました。

　その頃は、中学生、高校生あたりで伝書鳩を飼育することが流行っていました。電気屋の叔父もどこからか鳩を仕入れてきて卵を孵化させたりしたので、多い時には伝書鳩が10羽を超えるほどにも増えたことがありました。

　鳩は遠くから放しても、自分の家に戻ってくる習性があるので、その訓練のためにも、だんだんと家から少しづつ離れたところから飛ばしました。そんな時には、鳩の入れた箱などを持つなどして手伝いました。また餌くれを手伝ったりもしました。

　近所にも叔父の友達が鳩を飼っていて、伝書鳩をみんなで飛ばすと大きな群れになって飛び回るので、とても空が賑やかになりました。しかし中には浮気な鳩もいて、一緒に飛ばすと他の家の鳩に釣られて行ってしまう鳩もいました。でも普通は、遊び疲れるとそれぞれの家の鳩小屋に戻って来て、鳩小屋の入り口から入るのでとても可愛く思っていました。

　ところが、その伝書鳩が、少しの間に2回にわたって餌や水を与える入れ物ごと全部盗まれてしまいました。

　その後、電気屋の叔父も職業人となり、家族も鳩を新たに飼うほどの余裕も無かったので、鳩小屋はそのまま鶏小屋の上に放置されていました。

　それから1～2年たったでしょうか。ある日、見覚えのある1羽の伝書鳩がやってきて鳩小屋の中に入りました。少し薄茶色の羽の混ざった白い鳩です。

　驚きました。間違いなく盗まれた鳩の1羽でした。盗まれてからどのような経緯をたどったのかはわかりませんが、この鳩は自分の家として舞い戻ってきたのです。本当に驚きました。

　しかし、この頃には、叔父も職業人となり、私も鳩をかまってやる余裕もありませんでしたので、時々餌を投げこむぐらいで、水もくれず出口も開けっぴろげにして構わずにいました。

　それから鳩小屋に戻ってきた鳩は、2～3ヶ月間ぐらいは鳩小屋に出たり入ったりしていました。しかし、急に居なくなりました。

鳩にとっては、せっかく見つけて戻ってきた我が家でしたが、誰も関心を示さずに面倒を見てくれないので、寂しくなって放浪のたびに出たのかも知れません。しかし、いなくなってしまうと私も何とも寂しく悲しく感じました。

40 雨ごい

　私の子供のころに異常旱魃があって、農家の人達が雨ごいをしたところ大雨が降って、田植えを終わらせることが出来たとの想い出があります。

　そこで、それが何年であったのか町の報道縮刷版の頁をめくったところ、昭和33年（1958）7月30日発行の報道に、「50年ぶりの旱魃に対処するために村議会協議会も開かれ、干害対策費も110万円を超えた」との記事がありました。ですから、私が覚えている旱魃になって雨ごいが行なわれたのは此の時のことなのでしょう。

　田植えの時期となり、田植えをする準備が出来ると農家の人は落ち着かなくなりました。春から旱魃気味で溜池の水も少なく、田植えの準備が出来ても日照り続きで、いっこうに田植えに必要と思われる雨が降らないからです。

　それで沼の関係者が話し合って、沼にある水で平等に田植えをしようと言うことになりました。初めは4分植え（各農家の4割の水田を植える）だったと思いますが、沼下各関係者の4割の水田を決めて、それぞれに役員の立会いで水を引いて田植えをすることになりました。

　そして、役員の立会いで各関係者の4割の水田を植え終わりました。でも、沼に水が残っていたので、次は2分（2割）植えをしようと話し合って田植えを終わりました。それでも水が沼に少し残っているのでどうしようかとの話も始まりました。

　農家の人達は、少しずつでも田植えが進むことを喜びながらも、田植えを終わらせるほどの水と養い水のことを考え、日照りの空を眺め、雨が降ることを祈るばかりでした。雨が降らなくて田植え作業が出来なくても田んぼに出て、イライラしながら鍬を担いで行ったり来たりしていました。そんな農家の人の話は決まって雨が降って欲しいとのことばかりでした。

　そこで、雨ごいをしようと言うことになりました。兵執神社の社務所（龍泉寺）に農家の人（役員だけだったとも思われます）が集まり、雨ごいの行事（『嵐山町博物誌』9巻には熊谷市上之の雷電神社からお水をいただいてくる間、残った者が鐘をたたき続けるとあります）が行なわれました。

　私も、大人たちと同じ思いで、田んぼの中から日照りの空を恨めしく眺めていま

した。

　そしてその時に、兵執神社の社務所で打ち鳴らされた雨ごいの鐘の音が、妙にはっきりと耳の底に残っています。

　そして、雨ごいの御利益は不思議とたちまち現れて、大雨（報道では7月4日に恵みの雨）が降って、天水を利用している北田地区以外の古里では田植えを終えることが出来ました。

　私の記憶の中に、それより1～2年の間に、雨ごいはなかったもののもう1回旱魃があったとインプットされています。しかし、報道をめくる限りでは、前後の年に記載されていないので、そう酷（ひど）いものではなかったのかも知れません。

　しかし、雨ごいをしたころは、すべての農家が自然と向き合い自然と真剣勝負をしていたように思います。村をあげて自然と真剣勝負をしていたように思えます。

*　この時の町の報道に、緊急村議会を招集し、干害対策費が破格な110万円を超えたことと、7月1日現在で植付けできない水田が42％あったが、7月4日の恵みの雨によって稲の植付けがほぼ完了し残るのは1.8％になった事が報ぜられています。
　　また、1.8％の中の半分を占める天水場である北田地区は、同紙のコラム欄に部落総出で杭で田んぼに穴を開けて植え込む方式の葱植えで、植付けを終えたとあります。
　　そのときの報道の一部です。

区長会議　農休は適宜実施となる

干ばつのため、田植がおくれ、農休の目当もつかなかったが7月4日の雨で田植も相当進捗したので、7月十日区長会で、田植情況を検討し、農休は各字の実情により、適宜実施する事となった。当日田植付状況は、未完了面積

菅谷	一、〇反	川島	八、三〇反
志賀	五、〇〇〇	平沢	三、〇〇〇
遠山	三、〇〇〇	千手堂	〇
鎌形	一、六〇〇	大蔵	一、五〇〇
根岸	一、〇〇〇	将軍沢	〇
越畑	六、三〇〇	吉田	〇
古里	三、〇〇〇	勝田	〇
広野	一、〇〇〇	杉山	一、五〇〇
太郎丸	一、五〇〇		

計六九、三反　一.八％

台風の被害

　七月二十三日、関東地方に上陸した台風は、干魃につかれた農家に慈雨をもたらし、本年の稲作に明るい見通しを与えたが、その反面、村内の道路、橋梁等に大きな被害を与えた。その中最大のものは、大蔵橋の被害で橋板の流出が大きかったが、橋杭が倒伏、流失し、大規模の復旧工事を必要とするにいたった。

　その他、鎌形野戦場の堤防決潰、吉田沢地区の道路決潰、杉山地区内農橋の流失等被害は少なくない模様である。

研修所学生　田植に應援

　旱天続きで、全然田植に手がつかず、ひたすら雨を待ちわびていた七月四日、遂に恵みの雨が降った。水家へ天来の福音のように、思いがけない労力奉仕が現われれた。研修所の学生三十余名が、耕耘機、耕牛馬等持参で、田植のお手伝いに来てくれた。五日大蔵、六日千手堂、七日志賀と、この機動部隊のお蔭で、田植はグングン進んだ。地区の人達は大喜びで、応援に来てくれた研修所の学生の最高能力をあげ、この記念に柱時計を贈って感謝の意を表するという。

76　三章　農業・手伝い・世話

41　はたおり

　昭和41年（1966）に到来した26号台風で倒壊してしまった我家の蚕屋(かいこや)の隅に、農閑期に機織(はたお)りに使用する繭(まゆ)（主に玉繭や汚れ繭）などを保存するために、下に炭を入れて、上に繭をならべた竹かごを差し込める9尺真角(まっかく)ぐらいの乾燥施設がありましたが、昔は女の仕事として、どこの家でも機織り機械があって、農家の副業として機織りが行なわれていたのだそうです。

　ですから、娘の縁談の中で機織りの器量も判断の基準になっていたとの話も聞きました。そして、昔の男衆の夜遊びでは、機織りをしている娘の所に押しかけて機織り娘と談笑をするのも楽しみの一つだったとのことです。

　私の家でも、私が物心ついた頃から昭和20年代後半頃までだったと思いますが、祖母が機織りをしていました。

　機織り機は、母屋の入り口を入ったところの上がり端(あがりはな)の次の部屋の南側に、縁側に沿って西側を向いてありました。

　小さかった私は、その機織り機の中に潜りこみ、探検隊員気取りで行ったり来たりして遊び場にしていました。普通の機織り機でしたが、小さな私には大きな機械におもえました。

　祖母が機織り機に腰を下ろして足で機織り操作を始めると、張ってある縦糸が上下に開きました。その間を祖母は素早く杼(ひ)を潜らせ、その糸をトントンと筬(おさ)で手前に寄せて打ちつけるような感じで布を織ってゆきました。

　私は、その糸車がシューという音をたてて糸の間を走りぬけ、その糸がトントンと寄せられてどんどんと調子よく布が織られていく様を感心しながら何時も祖母の側で眺めていました。

　また、繭を鍋の中に入れてゆでて、その煮えたぎった鍋の中から繭の糸口を何本か見つけて、それを手繰(たぐ)りながら一本の糸にして糸車に巻きつけていく祖母の手の動きと、糸を引かれて鍋の中でくるくると踊っているような繭の様子を面白くいつも眺めていたものです。

　ちっちゃかった頃の思い出として、祖母が煮えたぎった繭鍋から糸を取り出して糸車に糸をくくる様子と機を織る様子、そして機織り機の中を潜り抜けて遊んだことが思い出されます。

そのことの思い出が断片的なので、その頃の我が家の機織の事をもっと知りたくなりましたが、父が呆けてしまって昔話が出来なくなって聞けないのが残念です。
　しかし、風呂に入る手ぬぐいが、家で織った絹の手ぬぐいであったことは今だによく覚えています。

『上田市史 民俗編（2）衣食住とくらし』（上田市、2001年）23頁

42　田植え・さなぶり

　私の子供の頃は、春の蚕が6月上旬頃に上族すると繭の出荷となる6月中旬頃までの間に、蚕座(さんざ)の片付けと大麦の刈り取りを行い、繭の出荷が終わると水田の小麦刈りを始めました。

　麦刈りは、梅雨空の合間をぬってのことが多々ありましたが、そんなときは少し湿気っぽい穂に熱が籠(こも)らないように工夫しながら蚕屋に積み込みました。

　そして、麦刈りの終わった水田から牛に鋤(すき)を引かせて耕起が始まります。

　どこの家でも水田の耕起が終わる6月23日頃から各沼下での話し合いにより沼の水が放水され、忙しく畦ぬり(くろ)と代掻(しろか)きが始まりました。

　そして、田植え日に合わせて苗取りも始まりますが、田植えの時期になると親戚の人などの手伝いもあり、苗取りも苗代(なわしろ)に何人もそろって、苗取り用の腰掛にすわって四方山話(よもやまばなし)に花を咲かせるので賑やかでした。

　苗取りの方法は、両方の手で交互に苗をむしりとって、それを合わせて直径7～8cmぐらいの丸みになったら、左手で苗の根元の上を握り親指ですぐった藁を1～2本（基本的には一本）押さえて、右手でその藁をふたまわり苗に巻いて、親指のあった穴に藁尻を突っ込んで引き合って苗束を作りました。そして、右手に持ち替えて苗代水でバシャバシャと上下に苗束をゆすいで根を洗って脇に置いてゆきます。

　そして田植の日が決まり代掻きが終わると、その水田に苗を竹かごなどに入れて運んで、水田の中に均等に投げ込みます。

　そして田植えが始まると小さい子供の仕事は苗配りです。植え手（苗を植える人）の手元に植える苗が無くなると植えてから苗が欲しいと声がかかるので、植手が手を休めないように苗を植え手の側に持っていく役目です。それには忙しく動き回らなくてはなりません。

　田植えの時期になると、非農家の人達が「植手(うえて)」と言った田植え作業を受託する組を作って、頼むと田植えに来てくれました。私の家でも半分くらいの水田を委託していたような気がしますが、その日になると夜中の2時頃から代掻きの牛の鼻取りをさせられました。そしてお茶休みには、母が作った赤飯のおむすびが飯台(はんだい)につめられて、背負い籠で田んぼに運ばれてきました。

田植えの時には、小・中学校に農繁休暇があって学校が休みになります。ですから、家族総出での田植えとなります。それに、親戚の人が手伝いに来てくれたり、早く終わった家の人が手伝いに来てくれるので、遅くなるほど賑やかな田植えとなりました。

　田植えの最後の田は苗代と決まっていました。ですから、苗代の田植えの準備が始まると田植えが終わる実感が込み上げてきて、なんとも嬉しくなったものです。

　苗代の田植えが終わると田植えが終わったお祝い「さなぶり」をします。早苗の根を良くゆすいで一束の苗を家に持ち帰り、大神宮様(だいじんぐうさま)におそなえします。そして白い米のご飯を炊いて大神宮様、氏神様をはじめ神々に進ぜて(しん)(お供えして)、仏様にも進ぜて、無事に田植えが終わったことの報告と、豊作であることをお願いしました。家族もいつもより豪華な具のついたご飯を食べて田植えが無事に終わったことを祝いました。

　そして、町中の田植えが終わると、町より農休みのお知らせがありました。

43　溝あげ

　今では、人力での溝あげと言う言葉は死語になりつつありますが、水田の中に溝を作って水田を乾田化させる作業のことを溝上げと言います。当地方の粘土質で水はけの悪い水田では稲を収穫するために、麦を蒔きつけるためにやらなくてはならない作業でした。

　昭和50年代頃までは、稲の刈り取りは11月に入る頃から本格的に始まりました。そこで稲刈りが本格的に始まる前の秋のお日待ち（10月19日で神社の秋の祭典がおこなわれる）頃から、どこの家でも稲の刈り取りを安易にするために溝上げを始めました。

　この作業は、排水口を起点として排水溝を作って水田を乾田化しようとするものです。1mぐらいの巾で稲の刈り取り（溝刈り）をして、その後に草刈り鎌の刃などを土の中に全部差し込むような感じで30cmぐらいの平行した線を引きます。そしてその線の中を万能で掘り取って溝を作り、溝の中の不平らなところを鍬などで平らに浚って水田の排水をはかりました。

　溝は水田の中周りに作りますが、大きい湿田では、水田の中を碁盤の目のように、東西南北に何本も溝を掘って水田の乾田化をはかりました。

　また、ぬかるみの中で行なわれるこの溝上げの仕事は、子供の手伝いの対象でもあり、水田を乾田化させて稲の後作として麦を蒔くための準備でもありました。

　子供の頃の溝上げの手伝いで、裸足の底に感じた深秋のぬかるみの冷たさは、それから50年以上の月日が流れても忘れられないものです。

　そして、溝刈りされた稲はハンデイ棒に掛けられて乾かされて、一足早く納屋に運ばれて、その農家の都合で一足早い新米ともなりました。

44　いっそう作り

　いっそうとは、どのように漢字で書くのか分りませんが、稲、麦、桑などを安易に束ねる稲藁で作る縄の代用品みたいなものです。縛るところがわらのままなので弾力性もあり、縛るものを束に絡めて結わき目を捻って差し込むだけで縄よりもしっかりと固定できるものです。

　このいっそうの作り方は、10本ほどの選った藁の3分の1ほどの上の方を注連(しめ)飾り(かざ)のような感じで縄のように2本なって、その2本の先端を絡ませ結び付け、そのまた先端を捻ったところを絡ませて結びつけたところの間にできた輪の中に差し込んで、2本の藁を左右に引っ張って作ります。

　作る時期は、雨降りの仕事として、冬場の暇なときの仕事として作りだめしておきました。

　しかし、麦刈りや稲刈りが始まってたりなくなると、夜なべをして作ったりもしました。どうしても忙しい最中になると藁の先端を結わえるだけの安易ないっそうを作って使いました。

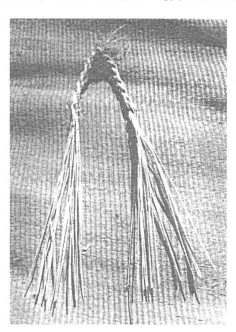

　ちゃんと作ったいっそうはしっかりしているので、桑切りなど繰り返される作業においては2〜3度ぐらい使いますが、その後は蚕の残渣(ざんさ)などに使用してそのまま捨てます。

　しかし、強くて便利ないっそうの作り方も、いっそうと言う言葉自体も仕事の移り変わり、社会の移り変わりの中で消え去る運命なのかも知れません。

45　さつまいもほり

　私の子供の頃には、私の家でもさつま芋を畑で栽培して農協へ出荷していました。
　面積は全部で20aぐらいだったと思いますが、岩根沢の畑の東側部分と、上土橋の東部分の一部に作っていました。
　そして、10月下旬の頃になると家族総出で畑に行ってさつまいもを掘りました。
　品種は、定かではありませんが、食用は「農林？号」と「太白」で、でんぷん用のさつまいもは「沖縄」と言ったような気がします。
　掘りとる前に芋蔓をまくって（くるくると後方へつるを巻くように切り取る）、傷つけないように気をつけながら、蔓のなくなったさつまいもの株元めがけて万能を振り下ろして掘ります。
　そして、掘りあげたさつまいもに付いている土を払い落としながら、良いものと悪いもの（傷物や小さいもの）を分けて所々においておきます。そして、最後にそれぞれの品質ごとに集めて俵につめて、牛車の荷台に積んで所定の場所に出荷しました。
　家で食用にするさつまいもは、納屋の中に掘った保存用の穴に入れて、穴の上に丸太棒を敷き、その上をむしろや藁などで蓋をしました。寒さに弱いさつまいもが悪くならないように保温しました。
　さつまいもが冬場の主食という訳ではありませんでしたが、仕事休みに食べたり、具の材料にしたり、乾燥芋にして保存したりして食べました。今のように何もかもの食べ物が豊富な時代と違って、楽しみの食べ物でした。
　また、食用のさつまいもは、農協の斡旋で東北地方のりんご農家のりんご（紅玉）と交換され、年末にはやってきました。そして、お正月のかけがえのない楽しみの果物となりました。
　りんご（紅玉）1箱とさつまいもは、どのくらいの量で交換したのでしょう。
　いずれにしてもさつまいもほりは、秋も深まり初霜の便りが聞こえてくる10月中旬頃から11月上旬にかけて行なわれ、さつまいもほりが終わった畑は直ぐに整地されて麦まきが行なわれました。

46　野良弁当

　私の子供の頃の農作業の運搬用具は、主に牛車でしたので、牛の歩みに合わせての野良通いは近い長峰沢(ながみねさわ)の畑でも片道20分ぐらいかかっていました。

　ですから、岩根沢と上土橋の畑の中に麦とサツマイモを交互に栽培する20～30aぐらいの畑がありましたが、其処にある麦の刈り取り、サツマイモの掘りあげ、そして麦蒔きの時間のかかる仕事の時には必ず弁当を持参していきました。

　それは、仕事の時間を多く確保して仕事の能率をあげると言うことだけでなく、往復の時間を休憩時間に当てて体を休めようとするための生活の知恵でもあったのだと思います。

　山仕(やまし)の時も山弁当をしていましたが、真冬の弁当と違って初夏の香りいっぱいの青空の下での家族総出での麦刈り、また寒さ深まり侘(わ)びしさが漂い始めた晩秋の中でのサツマイモ掘り、麦まき時の野良弁当、母が早起きして作ってくれた弁当を山から取ってきた木の枝などを箸にして食べる野良弁当は、またまた格別でした。

　なお、野良弁当を食べて作業して収穫した麦は、家で脱穀して、精麦し、俵につめて自家用分を残して出荷しました。食用のサツマイモは、納屋の中の保存用の竪穴に入れて保存しておいて、その都度その中から出しては食べました。

　そして、「沖縄」と言うでんぷん精製用のサツマイモは俵に入れて農協へ出荷しました。

　また農協を通じてだったような気がしますが、食用サツマイモとりんご「紅玉」一箱と交換しました。何年続いたのか分りませんが、子供にとってはとても楽しみなりんごでした。

47　桑の木の皮むき

　5月になって桑の木の芽が芽吹き始めると春蚕が始まります。そして、稚蚕から中蚕になると給桑のために桑は条桑のまま収穫されました。桑置場の前で条桑についている桑の葉を摘み取ってざるの中に入れると残った桑の木の皮をむきました。

　また、蚕が大きくなり条桑のまま蚕座に給桑するようになると、蚕座からはみ出した桑の木（昭和30年頃までは年間条桑育(じょうそういく)でなく、春蚕だけが条桑育だったので、春蚕の条桑は長く40〜80cmぐらいも蚕座からはみ出した）を切り取り、切りとった桑の木についている桑の葉をもぎ取ると、その桑の木の皮をむきました。

　杉の木などの木っ端丸太などを台にして、その上に桑の木の切り口を乗せ、皮むきを容易にするために金槌で叩いて傷を付けてそこから皮をむいたのです。そして、むいた皮は天日で乾かして紙の材料として売りました。養蚕組合に売ったのか、農協に売ったのか、それとも業者が買いに来て売ったのか定かではありませんが売りました。

　この仕事は、どちらかと言うと年寄り子供の仕事でした。桑くれが終わると合間を見て一生懸命に行ないました。時には、おばあさんの外に父や母や妹も手伝ったかも知れませんが、賑やかに桑の皮むきを行なうこともありました。

　桑の皮のほかに、晩秋になると長峰沢の畑の土手に生えていたこうぞの木も、紙の原料として切って束ねて出荷していました。

　何年ごろまで続いたのか忘れましたが、桑の皮をむいたり、こうぞの木を切って売ったりした農家の生活が数十年前まではあったのです。

48　大豆はたき

　大豆の実が熟すと、大豆の木を切り取って畑に立てかけたり、家に持ち帰って庭で乾燥するまで干して乾かしました。そして良く乾くと、庭にむしろを何枚も広く敷いて広げた中に大豆の木をおいて、先を丸めた竹の棒のその丸みを利用して据え付けたはたき棒の道具で大豆の木をはたきました。それは、バランスをとって竹の棒に力を入れると、はたき棒がくるりと回って大豆の木をはたいて大豆の実を落とすと言う仕掛けです。くるり棒と言っていたと思います。

　はたき方によっては、実が遠くの方まで飛んで行ってしまいます。、気をつけて気をつけて行いました。そして、ある程度大豆の木をたたいたら豆の木だけを取り除き、下に落ちた大豆の実を寄せて大ゴミを取り除いてから唐箕にかけて細かいゴミまで取り除いてきれいにしました。

　大豆の木に、まだ実が残っているようでしたら再度はたきなおしました。良く落ちているようでしたらいっそうで結わえて木小屋にしまって置いて竈の火付けに使いました。

　大豆の木は、屑木などでつけた火を薪などの堅木(かたぎ)へ誘導するための誘導材として、最も適当であった素晴らしい燃木(もしき)でした。

『五日市の百年』（五日市町、現・あきるの市、1995 年）79 頁

49　こんにゃく玉干し

　私の家の隣には、祖父の弟の光一小父さんが営むこんにゃく屋がありました。

　こんにゃく屋の冬場の仕事として、蒟蒻玉(こんにゃくだま)を輪切り干しして保存する仕事がありました。蒟蒻玉を切り干し大根を作るような道具で、5ミリぐらいの厚さに輪切りにして、それを細長い棒（篠ん棒だったと思います。）に刺して簾(すだれ)のように吊るして天日干しで乾かすのです。

　今は平らに整備されて古里第二区児童遊園地となっていますが、整備される前には此処が小高い丘になっていて、今の消防車庫の駐車場（旧消防車庫）の東側にあった旧県道から続く参道を登っていくと、今の遊園地の3分の1ぐらいの広さの平らな愛宕神社と八坂神社の跡地がありました。蒟蒻玉の切り干し作業は、この平らな広場となっている神社の跡地で行われました。

　神社跡地の東側部分には、八坂神社の夏祭りのときに使う天王様のお仮屋の材料と、山車の材料が保管されていた西向きのトタン葺きの小屋がありました。

　蒟蒻玉は、この小屋を中心に輪切りにされて棒にさされて、神社跡地の広場に組まれたハンデイ棒を架け棒にして、テレビなどで紹介される素麺干しなどと同じような感じで、輪切りにされたこんにゃく玉がすだれのように吊るされて干されて乾かされました。

　その後、乾された蒟蒻玉をどのようにして保存、利用するのかは知りませんが、玉を輪切りにして棒に刺す仕事をよく手伝ったものです。

　私の弟妹も手伝ったとの事ですが、それぞれに、手伝った頃の思い出があるようです。

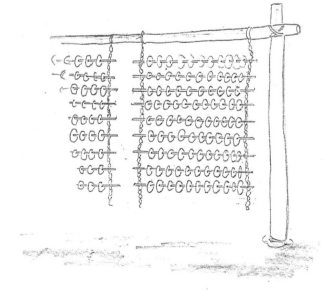

50　石うす

　私の家には石うすがありました。どんな仕組みになっていたのかわかりませんが、土間にしっかりした台を置き、その上に二つで一組の石うすを備え付けて黄な粉や米粉を作りました。

　上の石うすには二つの穴が開いていました。そのうちの片方の穴に竹の棒を差し込み、もう一つの穴に煎り大豆を入れて竹の棒を回すと黄な粉がでてきました。精米したうるち米を入れると米粉になって出てきました。

　石うすを使用したのは、昭和20年代後半までだったでしょうか。あの石うすは何処に行ってしまったのか、使わなくなって本当に久しくなります。

　昭和41年の26号台風で大きな蚕屋が倒壊したときに壊れてしまったので埋めてしまったのか、それとも父が骨董屋にでも売ってしまったのか、物置の土台にでもなってしまったのか。石うすのことを思い出すのも難しいほど過去の話になってしまいました。

　いずれにしても細かなことは思い出せませんが、私の脳裏にかすかに残る、ちっちゃな私が竹の棒を回すのを手伝ったりした石うすの思い出です。

　そして、見つかったならば組み立てて、自分の記憶をたどりながらもういちど使ってみたいと思うことたびたびの石うすです。

追記　　平成23年(2011)6月25日、養蚕用鉄骨ハウスの一階部分に畳を敷いて、40畳の柔道場にしてしまったので物置の面積が狭くなってしまいました。

　　　　そこで、私が21歳になったときに造り上げた、間口5間、奥行き2間4尺の2階建ての木造農舎の1階部分を整理整頓して広く使えるようにしようと思って片付けていたところ、農具置場の奥のほうに薄汚れたビニールを見つけました。そこで、そのビニールを何だろうと思って剥いだところ、石うすが出てきて本当に驚きました。

　　　　そして、鉄骨ハウスの2階の屋根裏に遮熱用に張られたベニヤ板がよれよれになって、邪魔になったので取り除いたところ、石うすの台もでてきました。

　　　　昔に使った石うすセットが発見されたのです。石うすの箍の修復はシル

バーセンターにお願いし、おぼろげながらの記憶を頼りに据え付けて、柔道会の会員で米粉を作ってみました。

見つかった石臼と台

51 わら加工

　麦わらは麦わら屋根の材料としてなくてはならないものでした。また、麦わら籠を編んで木の実などをいれる子供の遊び道具としても利用しました。

　しかし、稲わらのほうがいろいろな用途に利用され、農家の生活を支える材料としても重宝がられてきました。

　その稲わらの加工の横綱として俵作りがありました。俵は米、麦、さつまいもなどを入れる容器として使われてきました。また、土嚢(どのう)などにも使われてきました。

1）俵編み

　俵は、それぞれの農家で必要な数量だけ編んで使用していました。しかし昭和20年代後半頃から30年代にかけてだと思いますが、私の住む古里集落にわら加工組合が出来て、冬場の仕事として俵編みが盛んに行なわれました。農協の指導によるわら加工組合で、販売先は何処だが知りませんが農協へ出荷しました。現金収入の乏しい時代でしたので、何処の家でも俵編みの仕事は良い副業でした。

　私の小さい頃の俵編みは、石を重石にした道具で編んでいましたが、加工組合の発足とともに、細縄をカチャカチャと挟んで固定してわらを編む、今に残る俵編み機が導入された気がします。

　その頃、私も合間を見ては一生懸命に俵編みを手伝ったものです。

2）むしろ

　わらで織るむしろ作りも農家の重要な仕事でした。むしろは稲籾や麦やその他の穀物などを天日干しするときなどに使用しました。野外で行なういろいろな行事などの敷物としてもなくてはならないものでした。

　また、トントンと強く打ち込まないで織る薄いむしろは、蚕のえん台（飼育台）の上の板籠の敷物などに利用しました。

　そのむしろ織りは雪の降る頃の冬場の仕事として行なわれていました。

　私の家でも、冬場になると蚕屋にむしろ織りの道具が備え付けられ、父と母でむしろを織っていました。その傍らで、からねこの中に雀が入るのを待って、からねこの仕掛け棒を結わえた縄を握っていた私の姿が昨日のように蘇ります。

3）わら草履

　わら草履もそうです。昭和20年代頃までは、家の周りのちょっと履きは家で作った藁ぞうりでした。冬場の暇なときに細藁縄を左手と足指を使ってぞうりの形にし、右手でその縄にわらを絡めるようにして織って草履を作りました。中にボロの布を織り込んで補強やクッションをよくもしました。

　戦後の混乱が収まる頃に普及しだしたゴム草履が一般的になって、わら草履の利用が少なくなりましたが、昭和30年代の初めの頃までは使用されていたような気がします。

4）ひつき

　ひつきもよく作りました。ひつきは縁（ふち）の高いお盆に取っ手がついているような形をしているワラで作った釜や鍋などを載せる器です。昔は何処の家でも座敷で食事をしていましたので、座敷に直に釜や鍋などを置くために、釜や鍋などの下に敷く台として何処の家でもなくてはならない必需品でした。どこの家でも鍋、釜の大きさや数に応じてなくてはならないものでした。しかし、わらで作ったものなのでだんだん傷んでくるので、常にどこの家でも新しいものが欲しいと思っていました。

　それで、私もひつきを作りました。私の作ったひつきは使い易いとか何とかかんとか言われて、親戚の小父さんや叔母さんなどに褒められるとついついそんな気になってしまいました。そして、親戚の分まで夢中で作ってしまいました。

　そのひつきの作りかたは、稲わらをすぐって、初めにそのわらを10本ぐらい束ねて、根元の方で直径2～3センチぐらいの穴がある丸い輪を作ります。そして、その輪の穴の中に2～3本のわらを通して外側の丸みの背で絡めてよじって輪を大きくしてゆき、穴が小さくなってわらが差し込めなくなったら、背割りの竹べらにわらを挟んで輪の中に差し込んでわらを通して、輪の外側の丸みの背で絡めてよじって編む動作を繰り返して輪を大きくしてゆきます。そして、利用する鍋、釜の大きさになったら縁周りを直角に上方に5センチぐらいの適当な高さに編み上げ、取手を付けて仕上げるのです。

5）わら床

　わらは、木の葉を踏み込んで熱を出してサツマ苗を育てるサツマ床などの囲いな

どにも使用しました。子供の頃は、父の編むサツマ床の囲いの手伝いをしました。そして、編みこむ量のわらをわら束から小分けして渡しながら、見よう見まねで編み方を覚えました。

　それで今でも、野菜の育苗床、うどの育成床の囲いをわらで編んでいます。

　それにわらは、神社の注連縄、お正月の注連飾りなど、神への信仰のシンボルとしても使います。また、縄、いっそうなどの農作業などの用具として、民芸品の材料としてなど数えあげるときりがないほどに多方面に加工され使われてきました。

わら床

52　ちょっぺ傘とござ合羽

　田植えの時期になると、農協から田植え用品の注文がありました。
　その中の注文のメーンがちょっぺ傘とござ合羽でした。
　ちょっぺ傘は、弁当のおむすびやまんじゅうなどを包むときに使った木を薄く削って作ったひげっかわのような材料を2センチ巾ぐらいにしたもので編んだ、三度傘とはちょっと違う、真横から見ると三角形の形をした、頭にかぶる帽子と言おうか雨よけの傘です。
　そして、ござ合羽は、藁蓑(わらみの)の代わりに作られたもので、敷物のござの上の方を半円形切り取って背負ったときに首が入るように作られ、表面に雨が染み込まないようにビニールシートを張ってある蓑です。頭にチョッペ傘をかぶり、背中にござ合羽を着た姿が、私の子供の頃の田植え時の五月雨よけのスタイルでした。
　しかしそのスタイルも、ビニールの雨合羽の普及により何時しか消えてしまいました。そして、伝統の萱や稲わらで作った蓑と、ビニール雨合羽の狭間で使用された雨合羽であるござ合羽は、存在さえも忘れられようとしています。

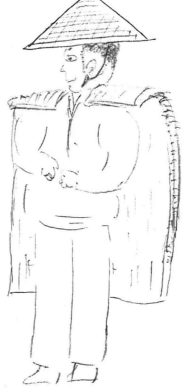

第4章
信心

53　天王様と旗持ち

　古里の尾根郭の天王様(八坂神社の祭典)は、その昔は旧暦の6月14、15、16日に行われておりましたが、昭和17年(1942)からは、農作業の都合などで7月24、25、26日(新暦で1ヶ月と10日遅れ)に行われるようになりました。

　お祭りの段取りは、7月24日の午前中に万灯や山車の花つくり、花飾り、灯籠、4本旗(何か他に言い方があったのでは)作りなどとともに、八坂神社、愛宕神社の跡地(今の古里2区遊園地のところ)に御仮屋を建てて兵執神社内にある八坂神社の社から神輿をお迎えします。

　昔は、7月24日が一学期の終業式で、学校も早仕舞いでしたので、昼ごろに学校から家に帰ってくると、いつも神輿が御仮屋に納められていました。参道から隠居(関根弘子さん宅の屋号)の方まで飯島四郎次さんの面白い挿絵が書かれた灯籠が並んでいました。

　そして、お祭り2日目の7月25日がお祭りの本番です。風呂に入って、身を清めて晒し襦袢(晒しが各氏子に配われ各家で縫われたもの)を着た者たちが、午後1時を過ぎる頃からお仮屋のまわりに集まります。

　親戚に不幸があった人は、渡御の神事が始まる前に御仮屋保管小屋において神主にぶく避けをしてもらってから神事にのぞみます。

　2時頃の集合時間が来ると、みんなで神輿をお仮屋から外に出して渡御の準備をします。そして準備が終わると、神主によるお神輿渡御の祝詞と関係者による玉ぐしの奉納がおこなわれ、神主の乾杯でお神酒をいただくとお神輿の渡御が始まります。

　このときの神輿巡行の配列は、先頭に4本の旗(竹竿に紙の旗が吊るしてあってなんと書いてあったか不明)を4人の子供が誇らしげに掲げ、そのあとに万灯をかついだ人が続き、そのあとを若連に担がれた神輿、そのあとをお囃子を奏でる若連の乗った山車を子供たちが引いて続きました。

　お神輿は、尾根部落の主要道路を休むことなく静々と進んで、部落境に行くと高く頭の上で差し(高くささげて回る)て一巡します。そして最後に吉田の岡島屋の前の部落界で差したあと休みます。

　ここで、子供たちが掲げて運んできた4本の旗は猫の川(県道に沿って岡島屋か

ら新川に続く排水路で、ほ場整備事業でなくなる）に捨てられ、万灯も花飾りを子供たちに抜き取らせて、神輿を先導する役目を終えます。

　神輿の屋根のてっぺんに乗っていた鳳凰（ほうおう）はほうしん玉に取替えられ、ここからは神輿がいくら暴れても揉んでも良いことになります。

　そして、ほうしん玉になった神輿は、岡島屋を出発するとすぐに、もみ合いの弱い担ぎ手の方から猫の川に突き落とされるのが毎年のお決まりになっていたような感じがします。

　砂利置き場（今のごみ集積場のところ）のところには夜店が出て、その店のカーバイドランプ（アセチレンガスで火をもやす）の臭いは何ともいえませんでした。お囃子を奏でる山車のちょうちんが、時々道路沿いの欅（けやき）の木などの垂れた枝に引っかかって、揺れて燃え上がる情景も何とも言えないものでした。

　どこの家でも天王様の日には、泊まりこみのお客がいっぱい来るので、夕暮れのころには道路がいっぱいになるほどに人が溢れるようになって、祭りの雰囲気は嫌が上にも盛り上がりました。また、お神輿が休憩してくれと御呼ばれした家で振舞っていただくスイカなどのご馳走は、山車を引く子供達にも配われて子供たちの楽しみの一つとなっていました。

　そして天王様は、お祭りが終わると最後は今のように御仮屋に戻すのではなく兵執神社内の八坂神社の中に納められたのだそうです。その頃の若衆に聞くと、納める夜の12時頃になると若衆も少なくなり、やっとのことで神社まで持っていったのだそうです。

　そして翌26日は、午前中はゆっくり天王様の疲れを癒して、午後1時頃より氏子がお仮屋のところに集まって手分けをして御仮屋や山車の解体等の整理をおこないました。そのあとは尾根の常会場において天王様の祭典の勘定となります。天王様の会計報告を聞き、慰労会をおこなって3日間のお祭りが終わりました。

　子供の頃の天王様の思い出として特に思い出すのは、親戚からみんながお客に来て賑やかだったこと、山車の提灯が道路沿いの木に引っかかりボーと燃え上がった時のなんとも言えない情景、休憩場でご馳走になったこと。そして神輿の前を、旗を持って走ったことが思い出されます。

* 古里尾根の天王様のお祭りは、昭和38年（1963）から昭和48年（1973）までの11年間、御仮屋に飾るだけでお神輿の渡御が行われず、祭り囃子も御仮屋の保管小屋に太鼓を設置して大人達がお祭りの日に戯れにたたく程度でした。しかし、昭和49年から若衆達の要望もあって祭日が従来の7月24～26日を含めた前の日曜日を中心に2日間で実施することで神輿の渡御が再開されました。山車も子供が引くのでなく、エンジン様のついたトラック使用となって、山車の上で祭り囃子が力強く鳴らされるようになりました。

天王様御神輿 (2006)

54　四郎次さん

　飯島幸良さんの祖父の飯島四郎次さんは四雲と号してとても芸達者な人でした。

　私の子供のころの八坂神社のお祭りには、今の遊園地（旧八坂神社敷地跡）から関根弘子さんの家の方まで灯籠が並んで立ててありました。そして、その灯籠には、社会を風刺したものや滑稽なものなどの絵がまねかれていて、子供も大人も見るのがとても楽しみでした。

　肖像画や写生も得意で、兵執神社社務所に掲げてある龍泉寺の絵は、昔のそのままの龍泉寺が其処にあって、時が刻まれていて、自分があたかもそこに居るような錯覚さえするほどの活動感が溢れています。私の子供の頃のことをいつも思い出させてくれます。

　四郎次さんは、若いときから浪花節も得意で、いろいろなところへ招かれて語っていたとのことですが、私が子供の頃には、四郎次さん宅前の隠居屋にいつもいました（50歳代に家業の農業を息子である正治さんに任せて隠居を宣言し浪花節や絵画に没頭したとのこと）。絵を書いたり浪花節を練習していたのかも知れませんが、私たち子供がその前を通りかかると、呼び込まれていつも浪曲を聞かされました。

　四郎次さんはいろいろな面で芸人だったとの話を良く聞きますが、父がいつも言っていたエピソードもまた面白いものです。

　それはある日のこと、今の嵐山郷の方から牛の手綱をとって、浪花節を唸りながら牛に荷車を引かせて家に着いたら牛だけで荷車がありません。そこで慌てて来た道を戻ったところ、薮谷沼の曲がり角のところに外れてあったそうです。

　荷車の牛の掛け方にも問題があったのでしょうけれども、それ以上に荷車が牛から外れる音に気づかないで、浪花節を唸っていた四郎次さんの表情が浮かんできそうな逸話です。

　四郎次さんの父親は、飯島福次郎と言い、

四雲自画像 (1963、74歳)

みんなから福さん、福さんと言われていたそうですが、私の父が言うには、父の祖父（藤左衛門）と仲が良かったせいなのか、福さんは毎晩のように私の家に遊びに来たそうです。そしてとても面白い話をしてくれるので、父の兄弟は福さんが来るのを毎日楽しみにしていたそうです。来ない日は詰まらなくて迎えに行きたいくらいだったと、父がいつも言っていました。

四郎次さんは福さんの血が高じたのでしょうか。

100　四章　信心

55　てんぐだんご

　てんぐだんごとは、神社の祭典の時に神棚にお供えしただんごのことです。
　古里においては、兵執(へとり)神社の祭典、愛宕(あたご)神社の祭典、御嶽様(おんたけさま)の祭典の時にお供えしたてんぐだんごを、祭典の神事が終わると祭典を参加するために神社の庭に集まっていた氏子に投げ与えました。
　祭典が近づくと、用番(ようばん)（用掛り）が各氏子の家を訪問して、特別に作られた一合五勺ぐらいの枡で米を集めて精米し、製粉場へ持っていって米粉にします。
　神社の祭典は2時頃からですから、その日の午前中に当番郭(くるわ)のいいよと言ってくれた用番の家に集まって（当番郭のやり方で違いますが）米粉だんごを作ります。
　そして、飯台にいれて神社に運び、神棚にお供えし、神事が終わると総代と用番が庭に投げました。だんごを拾いに子供ばかりではなく大人もいっぱい集まって神社の庭がいっぱいになるので、だんごを投げる者にも気合が入ります。
　てんぐだんごが投げられ始めると、集まった大人も子供も夢中になってだんごをひろいました。とりっこになって千切れてしまうだんごもありました。大勢で拾うものですから、踏んづけてしまうだんごもいっぱいありました。
　しかし、千切れても、踏まれて泥だらけのぺったんこになっただんごでも、ぱたぱたと手で何回か叩いて大泥を落とすと、泥がついているのに平気でパクリと食べました。昭和30年代頃までは、汚いから食べては駄目だとか、手を洗って食べなさいなんてヒステリックな言い方をする人もいない時代でした。おなかを壊してしまったとの話は聞きませんでした。
　私の妹のてんぐだんご拾いの話は、いまだに語り草になっています。妹が5歳頃のちっちゃい時のことです。2月の神社の祭典の日の朝までに、30センチほどの大雪が降ったので家の者が行くのを止めました。でも、何が何でも行きたいと言うので、ちっちゃい長靴に雪が入らないようにしたり、防寒を完璧にした服装をして祖母に連れられて行ったのだそうです。
　その頃の米粉だんごは、お祭りにしか食べられないようなご馳走でした。今のような飽食の時代には考えられないことですが、普段と違った美味しいものが食べられる楽しみは、そんなにちっちゃい子にも浸透していたのです。
　しかし、そんなてんぐだんごも、甘味な美味しい食べ物が安易に手に入るように

なると、魅力もなくなり、神社の祭典に集まる子供の数も大人の数も毎年少なくなってゆき、てんぐだんごも投げる習慣から手渡しの方式に変わりました。

そして、平成14年（2002）にてんぐだんご作りは廃止されて、業者に頼んで作られただんごが祭典の時に、神棚にそなえられるようになりました。

神社の祭典には、遥か昔から五穀豊穣、家内安全を祈り、氏子の協力によっててんぐだんごが作られ供えられてきましたが、時代の趨勢の中で、氏子によるてんぐだんご作りが取りやめとなりました。

あと数十年すると、てんぐだんごが氏子によって作られたこと、投げ与えられたことなど、完璧に忘れられてしまうのかも知れません。

兵執神社のてんぐだんご投げ

56　氏神様と井戸さらい

　昭和27～28年前後の、私がまだ小学校へ上がったか上がらなかったかの小さかった頃のこと、裏の氏神様の前に筵(むしろ)を敷いて古里の馬内(もうち)の高波宮司に祝詞(のりと)を上げてもらったのを覚えています。

　家族の者が皆、服装を整え、神妙な面持ちでむしろの上に並んですわり、何とも厳かな式典であったことを覚えています。

　昔の氏神様は、安藤光男さんの畑に生えている柿の木の根元にあったのだとの話は常々聞いていましたが、私の覚えている氏神様の式典が、そこから現在地に移すための行事であったとの事を、近年になって父より聞いて、そうであったのかと納得いたしました。

　明治初頭の頃までは、我が家の母屋は裏の畑のところにあって、蔵は裏の井戸の裏の畑のところにあったとのことです。ですから氏神様が昔の母屋の配置からして、柿の木のあたりにあったことは当然のこととして頷(うなず)けます。井戸の裏の畑には小石がいっぱいあって、その小石を、蔵のあとだからと言われながら子供の頃によく拾わされました。

　それに小さい頃、裏の井戸と、安藤貞良さんの畑の中にあるおくりの井戸の井戸底に溜まった土を浚(さら)って綺麗に掃除したのを覚えています。井戸の浚渫(しゅんせつ)の目的は、隣のこんにゃく屋で水を多く使うようになったためなのか、井戸の底にあまりにもへどろが溜まってしまったからなのか分りませんが、井戸の中のへどろを、家の者がバケツなどで井戸の底から引っ張りあげていました。その光景と、深い井戸だなあと言うことが、いまだに脳裏に焼きついて残っています。

　また、昔は水を水桶で井戸から汲んできて台所の水瓶(みずかめ)に入れておいて、勝手（台所）仕事に使っていましたので、水桶での水汲みは日課でした。学校から帰ると祖父が私を待っていて、裏の井戸はこんにゃく屋でも使っていたので直ぐになくなるので、おくりの井戸まで行って水を汲み、天秤棒で水桶を祖父と二人（前を私）でよく担いで運びました。

　このおくりの井戸のことですが、子供の頃は安藤貞良さんの畑の中の井戸から水を汲むことは当たり前のこととして何の疑問も感じていませんでした。しかし、疑問を持つ年頃になった時に父に聞いたところ、我が家が苦難の時期であった明治の

初め頃に、祖祖父の妹（大塚皓介さんの祖母）を家の跡取り娘として養女にしたいと申し入れがあったそうです。（その後大塚皓介さんの祖父に嫁に行きました）

　この頃の土地は、縁故関係が無ければ自由に動かすことが出来ない時代で、安藤さんの家で井戸のある土地を欲しいと思っていたこともあり、養女となれば親戚関係、土地も動かせるので養女に行く娘が可愛がってもらえるようにと付けてやったのだそうです。しかし、水の少ない地帯にとって井戸は死活問題、それで井戸の権利だけは保留したので利用できるのだとのことでした。そしてこの井戸には、何時の頃に掘ったのか分りませんが、酒屋と言う屋号を持っている飯島健司さんの先祖様が越後の方から出て来た時に、この井戸の水を使って、井戸の傍で酒作りを始めたのだとの言い伝えも今にあります。

　祖父との水汲みも、こくにゃく屋の水道管がおくりの井戸まで通じ、我が家にもガッチャンポンプが入るとほとんどなくなりましたが、今では懐かしい思い出です。

　いずれにしても、裏の畑に母屋があって、井戸があって、蔵があって、その周りを大きな杉などの木が鬱蒼と茂っていた裏山で囲まれていた時代、先祖様たちがどんな生活をして過ごしていたのか、末裔として興味が尽きません。

　そして、我が家400余年の歴史を見守ってきてくだされた我が家の氏神様に、これからも子孫繁栄なることを祈りたいと思います。

57　古里駒込墓地

　飯島昇氏宅の東にある安藤家の墓地は、今から２００年前頃までは内出から尾根にかけての共同墓地で、いろいろな苗字の墓地があったとのことです。

　しかし、少しずつ関係者の分家等により戸数が増えて墓地が狭くなると、墓地を利用する権利をめぐって、内出地区を拠点とする安藤家と尾根地区を拠点とする人達との墓地争いが起きて裁判沙汰になったのだそうです。

　その内容がどのようなものであったのか知りたいところですが、今のところ知るすべもありません。しかし、今は面影があまりありませんが、その昔は、安藤家の墓地から駒込墓地にかけて古墳がひしめき合うように並んでいて、古代の大きな墓地地帯を形成していたようです。ですから、安藤家の墓地から駒込墓地にかけて、その昔は無造作に墓地が作られ点在していたとも思われます。でも、時代も戦国時代を経て平穏な豊臣、徳川の時代となると、治世は日本の隅々まで行き届くようになりました。そして、土地に対する所有権、利用権も確立されるようになり、安藤家の墓地となっている区域は古里の内出から尾根地域に住居を構えている人達の共同墓地として確立されていったのだと思われます。

　しかし当初は、地域の墓地として仲良く共同利用がなされていたのだと思われますが、分家等の墓地の増加に伴って狭くなってくると、墓地の権利をめぐって家系間での勢力争いが生じてきて、墓地の使用について奉行所に訴訟がなされたとのことです。

　伝え聞いた話として訴訟の結果は、奉行所への働きかけを有利に進めた安藤家に傾き安藤家の勝訴となったとのことです。そこで、墓地を守るために苗字を安藤に変えた家もあったとのことです。

　そして、安藤家との裁判に負けた大塚家等の家系は敗訴となり、新しい墓地を入手せざるを得なくなりました。そこで埋葬も安易な今の所が検討され、安藤家の共同墓地となってしまった墓地とは別に、今の駒込共同墓地を作ったのだそうです。

　この共同墓地は約 4000 ㎡を超える広い面積です。

　これは、安藤家との墓地争いという苦い経験から、後世において子孫の間で墓地争いが起こらぬように考えた判断によるもので、まさに先見の明のあった決断だったと思われます。

しかしそれには、当然土地所有者もあったでしょうし、土地の取得問題から共同墓地を確保するという奉行所への申請、許可等など大変なことだったとの言い伝えも聞いています。ですから土地所有者も含め当時の関係者の後世に残した贈り物としての墓地の確保であり、そこに携わった多くの人々の努力の賜物だと思います。

　その後、墓地の世話人（駒込墓地と点在する大塚家の墓地の関係者は阿弥陀如来様を信仰する集まりで、世話人は阿弥陀如来様関係のことと、駒込墓地のことと関係者の墓地の管理をしなくてはなりません）は、墓地が設置されてからしばらくは墓地の設置に中心になった末裔に固定されて運営されていたとのことですが、何時の頃からか役員の持ち回りになりました。そして、上郭から２人、下郭から２人が選出された４人で構成され、４年の任期で次の人に受け継がれてきました。

　そして阿弥陀如来様は、今は尾根公会堂の奥の部屋にひっそりと祭られていますが、公会堂として建て替えられる昭和40年頃までは、阿弥陀堂として西側に阿弥陀如来様が祭られていた阿弥陀堂があり、東側に庫裡があって、小さいお寺の形体をしていました。お坊さんのお墓も３基あります。

　阿弥陀堂でお年寄りの念仏講が定期的に開かれていたのだと聞いた記憶もあります。まさに古里尾根集落に住む人々のお寺であり、阿弥陀如来様は心の支えであったのかも知れません。

　ですから、駒込墓地が新設されてからの墓地の増加も墓地の関係者の分家に留まっておりましたので、尾根集落の人達が阿弥陀様の信者として、阿弥陀如来様の庫裡を自分達の場所として部落の集会に利用してきたこともうなずけます。

　しかし年月は重ねられ、墓地を駒込の当地に定めた人達の意図は過去のものとなり、関係者、役員等の変化などにより理解も意識も多様化してきたように思われます。

　ただ、時代は変っても、駒込の共同墓地を単に昔から古里の尾根にあった墓地という観念だけで考えるのではなく、その時の関係者が安藤家との墓地争いを教訓に子孫のことを考えて設置した共同墓地であることをいつも念頭において考えなければ、その頃に骨をおって共同墓地を残してくれた先祖様に申し訳ないと思います。

　そして、どのようにして末代まで大事に残してゆかなければならないのかを考えてゆかなければならないと思います。

58　八坂神社

　今の古里2区の遊園地のところは、明治39年（1906）の勅令によって進められた神社合祀政策によって、大正2年（1913）9月23日に兵執神社へ合祀するまでは、八坂神社、愛宕神社が鎮座していて、尾根郭の鎮守として崇(あが)められていたところです。その鎮守の森は、うっそうとした大きな木に覆われていたそうです。明治32年（1899）生まれの私の祖母から、子供の頃、古里へ遊びに来たとき、大きな森があったと聞いたことがあります。安藤昌夫さんの家が森下(もりした)という屋号で呼ばれるように、それだけ大きな森があったのだと思われます。

　私の家には、大きな木の幹の表面の部分で作った板が何枚もあります。父が言うには、これは、私の曾祖母がとうじゅうから嫁にきましたが、神社の合併により八坂神社、愛宕神社が兵執神社に合社されて鎮守の森の木も必要なくなったので、曾祖母の弟がもとじめを手広く営んでいたので頼まれて切ったのだそうです。そして、その木を木材に加工して売ったのですが、商品価値のない外側の不整形の板を、何かに使えるだろうと義兄である曾祖父にくれたので、家にあるのだとのことです。

　大正9年（1920）2月生まれの父が子供の頃には、森下の東側の道路に沿って大きな木を切った根株が並んでいて、その上で遊んだ記憶があるそうです。すぐに伐採とのことは考えられませんが、神社が合併された大正2年に伐採されたとしても、大きな根株が残っていたことは充分納得のいく話です。しかし、大塚右吉さんに聞くと、知らないと言いますので、年齢4歳の差の中で根が朽ち果てて土の中に埋まってしまったとのことが考えられます。そして、境内地を取り巻く鎮守の森は、開墾され畑地での利用が進んだのだと思われます。

　私の知っている境内地の回りはすでに畑になっておりましたが、遊園地になるまでは社跡を中心に神社の形状を整えていました。旧県道から参道がつながっていて、旧県道から坂を上がるようになっていました。少しづつ上がり坂が続いて社のあった場所に上がる所で階段を何段か昇るような形態でした。

　そして毎年、夏祭りには境内地にお仮屋を建てて、兵執神社から天王様をお迎えして、盛大に夏祭りが挙行されておりました。

　しかし、老人会へのゲートボール奨励（昭和54年〔1979年〕に行われた第一回ゲートボール大会では古里花鳥会が優勝）にあわせて、この社跡にゲートボール

の練習が出来る遊園地を造ることになりました。その工事の時に、社跡から大きな木の根がいっぱい掘り出され、前の道路に並べられました。

　飯島良作叔父がちょうど役員であったのか、遊園地の工事に携わっていました。そして、大きな木の根っこを見に行った私に、何処かに飾っておくかと言ってくれました。でも、まだまだ蚕が盛んな時で、どこの畑にも保管しておく場所が無いときでしたから断わりました。昔は大きな木が覆い茂った鎮守の森の証明書だとの興味もあって、一本ぐらいとのちょっぴり欲しいとの気持ちもありましたが断わりました。今にして思えば、その古根を並べた所で写真を取っておけばよかったと思うのですが、掘り出された大きな古根を挟んでの叔父とのやり取りは、昨日のように思い出されます。

　そして、遊園地となった八坂神社の跡地が、かつては大きな森であったことを物語るものが、遊園地の西側に所在する安藤昌夫さんの家の屋号の「もりした」だけとなってしまいました。

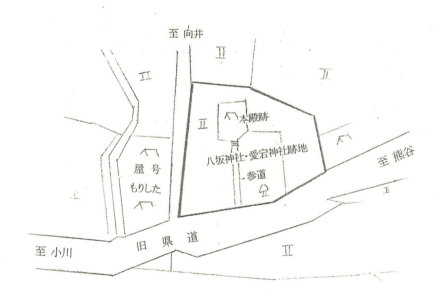

59　飯島稲荷

　飯島稲荷は、駒込共同墓地の東側にありました。ちょうど古墳を開墾したような感じの円形の敷地が1mほどこんもりと高くなっており、4～5段の石段を昇ると、両側には旗さし棒の土台があり、その次には2～3柱の丸太で出来た赤い鳥居があり、その奥に社(やしろ)がありました。

　この稲荷様の由来は、江戸の末期の前後の頃に飯島家（関根弘子さんの数代前の先祖）の当主であった飯島茂左衛門が間違って山の境木を切ってしまったところ、隣地の者が腹を立てて役所に訴えたので、捕らえられてしまったとのことです。

　そこで、「間違いの所作であったことを理解してもらって早く家に帰れることが出来たならば、稲荷の社を建立して祭り込みます」との「願(がん)」を伏見の稲荷様にかけたのだそうです。

　すると、たちまちのうちに間違いの所作であったことが理解されて帰宅が許されました。

　その後、地域の有力者でもあったので、帰宅できたのはあたりまえと思って、伏見の稲荷様に願を掛けたのをすっかり忘れていました。ところが、しばら（地域の通り名）あたりに住んでいた小作人の娘が、何かに取り付かれたような様相で「茂左衛門を呼べ」と叫んでいると言うので、小作人の娘が何を言っているのだと腹を立てながら娘の所へ行ったとのことです。

　ところが、その小作人の娘は狐の乗り移った形相をして茂左衛門の顔を見るなり、「頭が高い」と怒鳴って「帰宅がかなったら稲荷神社を建立すると願をかけた覚えがあろう」と話し続けたとのことです。小作人の娘に稲荷様が乗り移って茂左衛門の所行(しょぎょう)を諭(さと)したのです。

　そこで慌てて茂左衛門もそのことに気づき、謝るとともに其の夜の内に出発して伏見稲荷神社に詣でて、正一位のお札を頂いてきて飯島稲荷神社を建立して祭り込んだのだそうです。

　なんとも不思議な話ですが、飯島稲荷神社にはそんな由来があって、神社の敷地全体に斑入りの笹が覆い茂っていて、どこからともなくお狐様が出てきそうな稲荷様という趣きがありました。

　私が小さい頃には、春の暖かな風が吹きはじめる3月25日がこの稲荷様の縁日

で、稲荷様の西側に舞台が組まれて福引が行なわれてとても賑わいました。籤がいくらで買えたのか忘れましたが、束子や箒などの家庭用品がいろいろ当たって、はずれ籤がマッチかつけ木であったような気がします。

　いずれにしても、飯島稲荷の縁日での籤引きを毎年楽しみにしていました。

　そんな籤引きのある縁日が、いつまで続いたのか忘れましたが、平成２年（1990）に飯島稲荷神社は舟窪沼の南側に移転され、赤い鳥居も建って昔の面影を残しています。

　そして跡地には古い稲荷様の社がそのまま残り、しばらくの間は社が朽ち果て始めていたので寂しく感じておりました。しかし今は、社も取り壊されて小さな祠があるだけとなり、境内も覆いつくしていた笹は無くなってしまいましたが、立ち木等はそのまま繁茂して敷地の形態もそのままにきれいに管理されて昔の面影が残っております。

　物がなくなったり探し物をするときに稲荷様にお願いすると、不思議と見つけてくれるありがたいお稲荷様です。

飯島稲荷拝殿新築新築記念 (1938)

60　おまいり

　私が小学4〜5年生頃だったでしょうか。私の祖母から、お参りに行けないので行ってくれと頼まれて、毎月1日、15日の朝にお参りに行くようになり、それが習慣となりました。

　朝5時頃に起きて、半紙を半分に折った中におさご（白米、御散供）を包んで、始めに氏神様にお参りして、次に自転車で兵執(へとり)神社に行って本殿にお参りしたあと、おさごをチョンチョンチョンと横に3箇所並べてお供えして三峰神社、鎌倉稲荷神社に本殿と同じようにおさごをお供えしてお参りし、階段を下りてだんだんと下の方へ向かって鎮座している神々にお参りしました。

　最後の社が天満宮でしたが、龍泉寺(りゅうせんじ)にも向かっておさごを供えて手を合わせました。そして次に、御嶽様(おんたけさま)の参道の入り口に自転車を置いて、185段の階段を上って御嶽様にお参りしました。最後に飯島稲荷様に行ってお参りしました。家内安全で家族が健やかに幸せに過ごせるように、それぞれの神様に手を合わせました。忙しい時には、兵執神社の御嶽様が見えるところから、御嶽様を望んで手を合わせることもありました。飯島稲荷様に向かって手を合わせたこともありました。泊りなどで家を離れたときは、前日か、翌日に行ったこともありました。

　神様に手を合わせると、神様を信じる信じないの次元を越えて、何故か清々しさを掻き立てるものがありました。心に清々しさを感じさせるものがありました。ですから、お参りに行かないと何か忘れごとをしたようで、悪いことをしたようで落ち着かなかったのです。

　高校を卒業し、家を離れて習慣が途切れてからも、出来るだけお参りに行きました。

　そしてまた、息子が生まれ物心つくようになった頃から、息子にもその清々しさを感じて欲しいと、「嵐山町の圃場整備事業が一日でも早く完了しますように」との願掛けとともにお参りを習慣づけるようになりました。

　お参り場所について追記します。

○兵執神社

　兵執神社は、大正5年（1916）4月、神饌幣帛料供進神社に指定された村社です。

私が子供の頃にお参りに行っていたときの鎮守の森は、ふた抱え，み抱えするほどの大きな杉の木や籾の木などで覆われ、昼間も薄暗く威厳に満ちていました。
　しかし、昭和41年（1966）9月25日に関東地方を襲った台風26号により、鎮守の森の大半の木が倒伏して大きな木がほとんどなくなってしまって、そのころの面影はなくなってしまいました。また、倒れた木によって本殿の屋根は破損、神社の社務所としていた龍泉寺は破壊され、それぞれに修復、新築となりました。そして、大きな木がなくなり明るい神社となったために、時間の余裕がある時にはお参りの合間に眺めていた、本殿の西側に掲げられていた中村清介先生の剣豪奉納額、愛宕神社の正面に掲げられていた、梅などの色彩豊かな絵で縁取られた俳句の奉納額の絵や文字がほとんど消えてしまったことが残念です。

兵執神社の参道

○御嶽様
　御嶽様は前の御嶽、後の御嶽（馬内地内）とありますが、私がお参りに行ったのは前の御嶽様で、標高が90mほどの高さにあります。私が子供の頃は、185段の石段を登る周りの山も綺麗でしたし、御嶽様のまわりは修験場としての威厳が感じられ、お参りを済ました後には清々しさが残りました。しかし何時ごろか、石段の側にあるなあと思っていた何本かの竹が御嶽様のまわりの山を埋め尽くし、今は、竹林に囲まれた御嶽様に閉塞感と堅苦しさを感じるようになりました。

注　平成23年(2011)度の里山・平地林再生事業によって御嶽様のまわりの山の竹が伐採され、
　　昔のような綺麗な山となりました。が、

61　藤塚の阿弥陀如来様

　昔の古里から寄居町に抜ける主要街道は内出から柏木沼の弁天様の西側を通って馬内に通じる道路でした。

　ですから、その道路沿いには沢山の石仏や馬頭観音などの板碑が建っていて、往時の主要道路ぶりを忍ばせます。そして、藤塚の阿弥陀如来様は柏木沼の弁天様から馬内にむかって150mばかり進んだ、その道路沿いの左側の山の中に道路に向かって建っております。

　我が家の行事として、お正月の初詣には御嶽様にお参りした後、御嶽様の裏の道をぬけて、阿弥陀如来様にお参りして柏木沼の弁天様にお参りするのがコースでした。そして、阿弥陀如来様にお参りするときには、父は口癖のように「重輪寺が今のところに出来る前にあったところ」だと言いました。

　そこで、周辺の山林の所有者を調べてみましたところ、馬内にぬける道路と、御嶽様への進入道路との交差する地点を中心に奇妙な形で4筆の重輪寺所有の山林があり、その中心部の山林の中に阿弥陀様が鎮座していました。ここに重輪寺（阿弥陀堂かも）があって、そこのお坊さんであった開山和尚が、ここを起点に布教をして重輪寺を開基したとの説話も頷けます。

　いずれにしても、重輪寺が開基されたのが、豊臣秀吉が没した前年の慶長2年（1597）で、我が家の最初の仏様（第一と記載）が天正10年（1582）、初先祖様が文禄3年（1594）没ですから、古里に土着した我が家の先祖様が藤塚の阿弥陀様に関わっていたことは当たり前のことですし、父がいつも「明治時代に重輪寺が焼失するまでは、重輪寺の位牌堂の正面に我が家の大きな位牌があったのだ」と言っていましたが、発見された古文書から開基に功があり位牌堂の正面におかれた位牌の中に重輪寺が開基したと

きの我が家の当主であった2代目茄兵衛が納めた位牌があり納得しました。重輪寺の開基に携わった頃の先祖様は、藤塚に鎮座する阿弥陀如来様を深く信仰していたのだと思います。

　ですから、我が大塚家の先祖様の信仰が、いまだに引き継がれてきたのかも知れません。なんとも、気の遠くなるような話ですが、深い関わりを感じます。

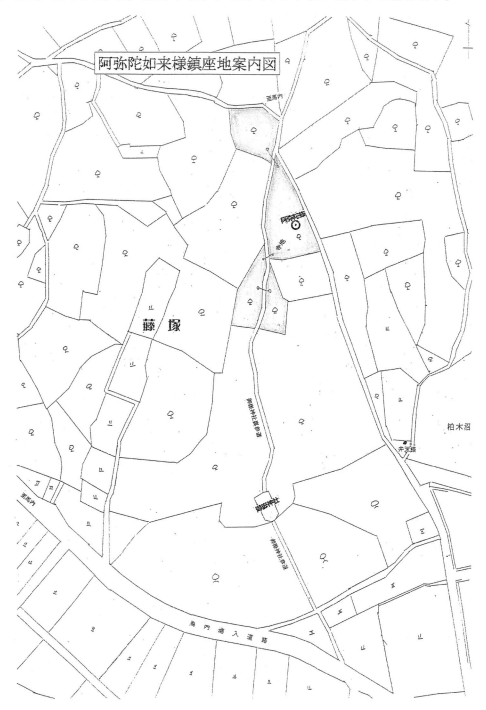

62　花祭り（灌仏会(かんぶつえ)）

　お釈迦様の誕生日は陰暦で4月8日です。
　しかし、花祭りの頃は若葉あふれてつつじが咲きそろっていましたので、新暦で1ヶ月遅れの5月8日だったと思います。
　小学校が半日で終わり、お寺に行くとお寺の本堂に誕生仏の像が飾られ、その像を入れた小屋の屋根はつつじの花できれいに飾られていました。
　そこで甘茶を誕生仏の像に頭から注いで手を合わせて供養しました。
　本堂の中の東側にちょっとした舞台があって、その上で学年ごとだったような気がしますが、みんなで学校で習った童謡を歌ったりなどしました。
　誰がどのように主催したのか、また観客を呼びかけてくれたのか分りませんが、舞台の前にはおじいさん、おばあさん達がいっぱい座わっていて拍手をしてくれました。
　そして、お寺の前の庭には、つつじがきれいに咲いていました。
　それらはおぼろげながらの思い出ですが、昔は菩提寺と檀家の関係が強く結ばれていて、子供もその関係に組み込まれ、お寺に親しみを持って育ちました。
　今でもお釈迦様の誕生を祝う花祭りが毎年5月8日にお寺の本堂で行なわれております。しかし、お寺の関係者の努力にも関わらず、お寺の総代さんとお寺の近所の人が少し集まるだけの花祭りとなり、その頃と比較すると何とも寂しい花祭りとなりました。

第5章
地理・人物

63　たにあ

　県道熊谷、小川，秩父戦のバス停留所「尾根入り口」のあたりに、県道が出来るまでは「たにあ」と言われる、直径5〜6mぐらいの小さな溜池がありました。

　この溜池は、いつも綺麗な水を蓄えていたので、近辺の農家の風呂水などの生活用水に利用したり、池の水をくみ出して池のそばで洗濯などに利用していました。

　子供の頃、どんな申し合わせでこの溜池の浚渫が行なわれたのかは知りませんが、溜池から吉田の長竹(ながたけ)に通じる農道の上に、浚渫(しゅんせつ)した土があけられました。

　寒い冬のことだと記憶していますが、その土をかっぱくと、泥鰌がいっぱい出てくるので、近所の人と一緒に何回も取りに行った記憶があります。

　また、この溜池は、危険もいっぱい孕(はら)んでいました。私も小学1〜2年生の頃に一人で海老蟹釣りに行って、足を滑らせてこの池に落ちてしまったことがあります。口の中に水が入ってくるのを感じながら，バチャバチャともがいてやっとのことで池のへりの杭に捕まることが出来ました。小さい子供心にも、たにあに落ちたと言うと家の者に怒られると思って、たにあのそばの堀で転んでしまったので濡れたと嘘をついたことを思い出します。

　また、真中の妹もこの溜池に落ちました。ちょうど祖父が上端(あがりはな)で盆棚を作るための縄をなっていて、私が勝手の方にいる時でした。近所の子供が母屋の入り口のところに来て、祖父に何か叫んだような感じがしたと思ったのと同時に、祖父が形相を変えて子供と一緒に家の外に飛び出しました。その慌て振りに驚き、私は二人の後を追いました。

　そうしたら、たにあの中ほどに、おかっぱ頭が見え隠れするような感じでぷつかり、ぷっかりと浮いていました。妹の頭です。

　飛び込もうとする祖父を制して、中学1年生頃になっていた私が溜池に飛び込みました。すると妹がかじりついてきたので、私は自由を奪われてあせりました。

　しかし、小さな池でもありましたので、少しのあがきで池の中に垂れ下がっていた木の枝を捕まえることが出来たので、妹を池から引き上げることが出来ました。

　そして祖父が、池の堤で妹を逆さ吊りにして水を吐かせて妹は助かりました。

　私や妹のように、この池で危ない目にあった人が沢山いたのではないかと思われます。

しかしこの池には、優しい河童が住んでいて、池の外に押し出してくれるのか、この池で人が亡くなったとの話は聞きませんでした。
　しかし、昭和30年代の中頃に入るころになると、だんだんと地域の生活を支え続けた「たにあ」も、生活の近代化に伴う多様化した生活雑排水や、酪農家の汚水などが側を流れる小川に流れるようになり、小川から自然と溜池に差し込むようになって、生活用水としての利用が危ぶまれるようになりました。
　そして、昭和40年代初頭に計画された、県道熊谷小川秩父線の新設道路敷地となって、地元との深い結びつきをもっていた小さな溜池「たにあ」は寂しくも姿を消しました。

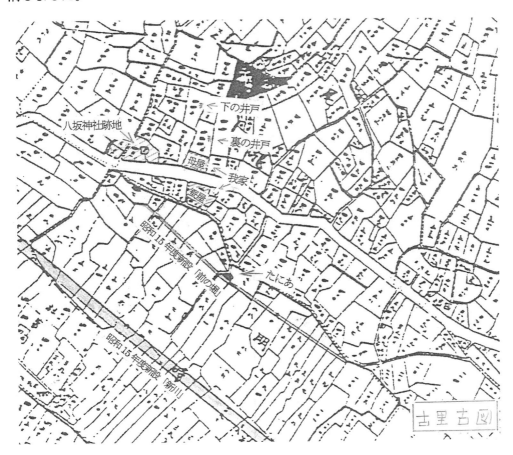

64　馬内

　私は、高校1年生のときに中学の同級生であった初雁秀男さんの紹介で、郵便局の年賀状の配達アルバイトをしました。その時の馬内(もうち)集落の印象がとても強烈でいまだに忘れられません。

　私も古里の住民ですし、新井慶治さんの家が親戚なので使いもしていましたし、それにほかのことでも行った事もありますので馬内集落の存在を知らないわけではありませんでした。

　しかし、昭和38年（1963）の元旦の日に、初めての郵便配達で古里の第一支部に年賀状を配り、第二支部の馬内集落に行ったときのことです。どこもかしこも霜柱が立っていて、庭や通り道などの生活空間には藁や籾殻が敷いてありました。

　同じ古里に住んでいるというのに、どこの家なのか、通り道もぜんぜんわかりません。それで、苛々しながらも家を聞き聞き、通り道を聞き聞き年賀状を配っていると、霜柱が溶け出してきて庭も道もべたべたしてきたのでビックリしました。庭や通り道に藁や籾殻が敷いてある意味がそれでわかりました。

　それに、馬内集落は大通りに接していなかったので、部落の人達以外の往来が少なく他人に気を使う必要がなかったせいなのか、人々の生活と身なりがとても地味に思えました。何故か一昔前に逆戻りをしたような錯覚に陥った感じでした。

　そんな驚きの中で、行ったり来たりとウロウロしているうちに、馬内集落でお昼のサイレンを聞いてしまったことも忘れられない想い出となりました。

　馬内集落が終わると、勝手知ったる私の部落です。それまでの遅れを取り返すように年賀状の配達も順調に進みました。

　そして翌日からは、馬内集落の驚きにもなれ、家も覚えて、すべてが順調に進みました。

　年賀状の配達は高校3年生まで行ないましたが、2年生からは年末から頼まれ、年賀状を配達の順番に組めるようになりました。

65　小便町

　古里には通称小便町（しょうべんちょう）と昔から言われてきた地域があります。
　その地域は、昔から賑やかな町並みが並んでいたわけではありませんし、トイレが並んでいた訳でもありません。しかしその地域は、小便町と言われてきました。
　そこで何故に「小便町」と言われてきたのかと、その昔のその地域の状況を思いその理由を推測してみました。
　小便町と言われるところは、熊谷宿（現熊谷市市街）と小川宿（現小川町市街）とをつなぐ主要街道（現主要県道熊谷、小川、秩父線）に沿ってあって、昔は嵐山町古里の尾根集落と熊谷市塩集落との間に挟まれた、人家が一軒もない平らな平地林の続くところでした。
　ですから、街道を往来する人々が催（もよお）してしまったお小水を安易に放水することを、住宅の建ち並ぶ古里集落や塩集落の中を通り過ぎる時には、何処から誰に見られているか分らないのでためらい、じっと我慢するのですが、人家から離れた小便町に差しかかると、心おきなくお小水を、時には大きなものもとき放すことができたのでしょう。
　そこで、そんな人が次から次へと賑やかなほどに沢山いたので、何時のころからか、誰言うとなく小便町と言われるようになったのだと思われます。
　今や新興住宅街の様相を見せて、沢山の人家が建ち並んでいますが、その賑やかさをもじっておまちだからとの冗談も飛び出します。しかし、昔のその地域のことを思い、お小水を我慢しながら歩いてきた老若男女の通りびとが、小便町にたどり着くと忙しく木陰に駆け込み、用を足すその有様を思い浮かべてみると、飯島四郎次さんの灯籠絵の世界に引きずり込まれるような心持にもなって楽しくもなります。
　今では人家が建ち並び、自動車が矢のように走り、徒歩で往来する旅人の姿も消えて、忙しく道路わきに駆け込む人も見受けられなくなって「小便町」は死語となりつつあります。でも、昔のその地域の風色を物語る言葉として言い伝えられてきました。
　なお、小便町の場所は内緒です。

66 相生の松

　相生の松は、古里の上土橋の私の家の畑の側の安藤貞良さんの山にありました。夫婦松とも言われ、男松と女松が抱擁しているかのごとくに絡み合っている姿は、夫婦和合の象徴として素晴らしい景観を醸しだしていました。

　それは、古里の鎌倉稲荷神社への参拝に行きかう人々の目にもとまり、夫婦円満、子宝を願う人達が近郷近在だけでなく遠方からも御願いにやってきたそうです。

　私の子供の頃は、相生の松も老いて衰弱して先端からの木枯れも進んでいて、往年の元気な姿の面影を失いつつありました。しかし、我家の畑の隣の山にあったこともあって、相生の松に登ったりして松の周りでよく遊びました。

　ですから、相生の松が昭和33年（1958）に300余年の一生を終えて切られたことも知っています。松が切られた時に、松が絡み合っていた辺りに洞があって、その中に蛇が巣食っていたとの話も聞きました。

　その後、山林の所有者であった安藤源蔵さん（貞良さんの父）が、夫婦松2世の誕生を夢見て男松と女松を組にして相生の松の切り株の周りに何箇所か植えましたが、育たずに枯れてしまいました。

　しかし相生の松の勇姿は、飯島四郎次さんの写生絵として残っています。

　いずれにしても、古里の相生の松の容姿は江戸時代から昭和の時代まで、長きにわたって夫婦和合の象徴として、人々の信仰の対象として存在していました。

　そして、その松がなくなった今、相生の松の下で遊べたことを幸せに思っております。

相生の松の掛軸
　飯島次郎氏所蔵
　飯島四郎次氏写生絵

67　ひーおばあさん

　私のひーおばあさんは喘息だったのでしょうか、私の覚えている時にはいつも布団の中にいました。ひーおばあさんの枕元にはいつも小さな鉄火鉢の痰壷が置かれてありました。

　そして私は、いつもひーおばあさんの枕元に居て、ひーおばあさんが痰をしたくなって私に鉄火鉢を頼むと、私は直ぐにその痰壷をとって渡してやりました。

　そのひーおばあさんが亡くなったとき、ひーおばあさんの座棺の上に真っ赤なきれいな屋根が載せられ、その座棺は漆塗りの真っ赤な輿の上に乗せられて家の前の県道の少し中心から家の方におかれました。縁者や近所の人達の見守る中で、真っ赤な漆塗りのきれいな椅子に座ったお坊さんに拝んでもらいました。

　そして輿が担がれて葬列は家の前の県道で何周りか回り、葬列者が着物の袖から小銭を出して投げました。葬列を見守る人達はその小銭を夢中で拾いました。

　それから、葬列は尾根の常会場（阿弥陀堂）に行き、常会場の庭でも堂まわりをして小銭を投げて葬列は墓場に向かいました。

　ひーおばあさんか亡くなったのは昭和27年（1952）2月4日のことですから、私が満5歳と2ヶ月の時のことです。しかし、よほど印象深かったのでしょう。私の母が生前『基氏は痰壷を嫌がらない』と祖祖母が感謝していたと言っていましたが、ひーおばあさんの枕元に居たことと、痰壷と、葬式の情景は鮮明に覚えています。

　私の覚えているひーおばあさんは、布団の中に居ましたが、体を布団の中で動かすことは自由でしたから、まだまだ自分の用は足りていたのでしょう。でも、枕元で自分の言うことを良く聞いてくれるひ孫には、可愛く嬉しく感じていたのだと思います。

　なお、葬儀で拾った小銭は、その日の内に使ってしまわなければならないとの言い伝えもあったので、葬儀のある日は隠居（お店の名前）は混みあいました。弔事（とむらいごと）だったので早く厄（やく）を落としてしまうようにとの事だったのでしょう。

68　精進橋

　太郎丸から地産団地に通じる市野川に架かっている橋を精進橋といいますが、この橋は日本人の祖先である伊勢神宮に一生に一度はお参りするものだとの慣わしがあった時代に、お伊勢参りに出かける前に此の橋の下で体を洗い、身を清め、精進潔斎して出発したので名づけられたのだそうです。

　しかし私が小・中学生の頃は、学校の遠足とか菅谷部会（旧・菅谷村、七郷村、宮前村、福田村の連合体）の運動会やいろいろな行事がある時など、ほとんど行くのが南方面でしたから集合する場所は精進橋でした。そしていろいろな場所に行った帰りの解散の場所でした。

　細長い旧七郷村の小・中学校の生徒は村の最南端にある精進橋に集まって、そこから並んで出かけ、並んで帰ってきて解散となりました。

　今では親が何処へでも乗用車で送り迎えするのが常識となってしまって、子供が汗をかきかき歩いて集合することもなくなりました。でも、その頃の子供たちは自分の足で歩いての集合でした。ですから、精進橋から遠い子供たちにとってはたいへんなことでした。

　しかし、今になって考えると不思議にも思えるのですが、その頃の子供たちは精進橋の集合が当たり前のことで、片道一時間以上もかかる古里集落の子供達さえも、何の不満も言わずに精進橋に集まっていました。

精進橋 (2006)

第6章
生活・くらし

69　たなばた

　私の家の七夕は８月７日で、小川町の七夕祭りの日と同じでした。

　朝、祖父に頼まれるままに裏の畑に行って里芋の葉にたまっている朝露を深皿などに集めてきて、その朝露を硯に移して墨をすります。

　そして祖父が、隣（大塚元一さんの家）から手頃な竹を貰ってくると、祖父が作った短冊に「七夕や佐渡によこたう天の川」「天の川」など、みんなで書きしたため、その竹に吊るして家の玄関のところに飾りました。

　一晩飾った翌朝には、竹ごと担いで行って猫の川に捨てて七夕は終わりとなりました。

　その竹飾りは、私のうろ覚えでは、夏の間は猫の川に捨ててあったような気がしますが、実際にその竹を誰が片付けたのか、どのように片付けたのか、自然に朽ち果てたのか、残念ながら記憶にありません。

　しかし七夕になると、襟を正し、机に正座して書いている明治生まれの祖父の顔が思い出されます。

70　お正月

　あわただしい師走が、夜の12時を境にして、一瞬にして優雅さの漂う、ゆったりとしたお正月に様変わりします。

　ラジオから雅楽が流れ、家族の者同士でも、そしてだれでも会う人ごとに「おめでとう」「おめでとう」と挨拶を交わします。

　私の祖父は明治生まれの人で、何事にも神仏を敬い、四季おりおりの行事についても完璧なほどに几帳面な人でしたので、その季節の行事をするのが当り前として育ちました。

　私の家では、まだ暗いうちに起きて、家の中の神棚、氏神様をお参りしたあとに家中で兵執神社、御岳様、そして御岳様の裏の重輪寺が始まった所との言い伝えもある場所に建っている阿弥陀如来様、柏木沼の弁天様、飯島稲荷様の順に初詣して1年が始まりました。

　お正月の楽しみはいっぱいありました。小学生の学年ごとに小学〇年生と言う月刊誌がありましたが、毎月買ってもらえるものではありませんでした。しかし、11月の下旬頃に学校で新年特集号の注文をとるので、なんとなく買ってもらえました。それに、着替えを買ってもらえるのが天王様前の夏着、そして正月の前の冬着でしたので、それも楽しみの一つでした。

　そして正月になると、遊びがいっぱい待っていました。

　コタツの中や、アンカにかけられた布団の中に足をつっこみっこしながら、トランプをしたり双六をしたり、かるた取りをしたりなどの楽しみがありました。

　角凧を作ったり、奴凧を買ってきたりして、その凧に新聞紙などを切ってつなげた細長い足をつけて近所の子供たちと競ってあげました。電柱もほとんど無い時代でしたから、どこでも自由に凧揚げが出来ました。そして、子供達だけでなく大きな凧を作ってきて、子供たちの中に加わる大人もいました。

　前の耕地の真中を流れる新川に、お正月になる頃になると氷が厚くはるので、みかんの木箱の前側に2本の縄を結わえて、その中の一人が木箱に乗り、2本の縄は両側の堤にいる子供が引っ張る遊びもありました。そして、代わる代わるみかん箱に乗りました。

　ぶっつけ（メンコ）にも、ベーごまにも夢中になりました。中心を決めて、その

中心からその周りを蜘蛛の巣状に釘を刺してだんだんと大きくしていくゲームで、行く先を妨害したり、すり抜けたりの．楽しみのある「釘さし」と言う子供の遊びもありました。竹馬も、馬乗りも，おしくらまんじゅうも子供の遊びでした。

　遊びの材料は、手作りや他愛の無い道具を使ったものが主流でしたが、お正月は、四六時中お手伝いもあまり頼まれずに遊びに没頭できる時でした。

　年神様の注連飾りに飾られたみかんが、とても美味しく感じられ、いつ食べられるか心待ちにする楽しみもありました。

71 やまし

　昭和30年代頃までは、食事を作るために用いる竈(かまど)、囲炉裏(いろり)での燃料、そして風呂焚き、焼き物、暖を取るための燃料など、生活を営む基盤のすべてを燃し木に頼っていました。

　生活の収入源である春に始まる養蚕と、稲の収穫、麦まきが晩秋に終わると、冬場の農家の仕事としてやましがありました。

　やましは、山に生えている下草を刈り取り、熊手でくずぎはき（松などの針葉樹の落ち葉が多くて竈や囲炉裏の燃料に適しているのをくずぎと言い、楢の木などの落葉樹の落ち葉が多いところを木の葉と呼びましたが、松林がほとんどであったので総称で言う時にはくずぎはきと言いました）をして、大かごに入れ、その後は、竹棒の先に鎌を結わえて、枯れ枝（不必要な枝もあわせて）を引っ掻き落とす「枯れっこ掻き」を行ない、枯木の伐採と間伐した木を玉詰めして、家に持ち帰り木小屋の中に積み込んで一年間の燃料としました。

　ですから、冬場となると、学校の帰りが早いときや休みの日には、子供はやましに刈り出されます。やましに行く時には、牛の引く荷車の上の籠の中に入って乗るか、歩きであったので、行き帰りに時間がかかり大変でした。そこで何時も弁当もちでのやましでした。

　ポットもない時代でしたから、お茶のお湯はやかんで沸かしたような気もしますが、どのようにしたのか記憶が定かではありません。しかし、木の枝を折ったり、篠ん棒を切ったりして作った箸を用いて、家族みんなで食べる食事は格別なものがありました。

　それに正月を過ぎると、お茶休みの時には決まって山で餅を焼きました。燃し灰の中から豆餅、繭玉などを掻きだして食べる美味しさは格別、昨日のように思い出されます。

　探検隊のように何事も興味しんしんで、昼休みの時などは、山の周りの少し遠い山までも足を伸ばして周辺の状況を知って楽しみました。この頃の山はどこも綺麗で、山の中を駆け回っても、何の不都合がありませんでした。

　やましの仕事の合間には、木登りしたり、くずぎの入っていたかごから飛び降りたり、本当に自然の中で過ごしていたのだなあと思います。

72 夜まわり

　昭和30年代中頃まで続いたでしょうか。冬の夜になると2人1組での火災予防のための集落内の見廻りがありました。

　初めの見回りは夜の10時頃だったでしょうか。当番になった片方の家に集まり、寒さに耐えられるように厚着をしたりほっかむりなどをして、集落の各家を手振り用の鐘をチリンチリンと鳴らしながら「ご用心ない、ご用心ない」と声をかけて歩きました。家の中の人は、"ご苦労さん"と言って声を返します。

　そして一回りすると、囲炉裏端でお茶などを飲みながら四方山話に花を咲かせて、2回目の夜まわりの時間を待ちます。そして2回目の夜まわりは12時頃だったでしょうか。時間になると、また身なりを整えて部落の中を鐘をチリンチリンと鳴らしながら「ご用心ない、ご用心ない」と声をかけてまわりました。

　そして2回目が終わると当番は終わりになって、次の朝に鐘と順番の名簿を次の当番のところに回します。

　その頃は、生活のための竈も囲炉裏もすべて燃し火でした。暖をとるためのコタツやアンカやヒバチは燃し火による炭火でした。

　それに、屋根は麦わら屋根で家の建て方も間取りも、日本の風土に合った通気性がよいように造られていたので、木枯らしの吹く頃になると空気が乾燥して、土壁の周りの隙間も広がり、北風が家の中に吹き込んできました。

　ですから、冬になって空気が乾燥して火を使う機会が増えてくると、人々は余計に残り火に気を使いました。残り火を消壺に入れたり、灰の中に丁寧に包み込んだり、火元のまわりに水を打って乾燥を防いだり、特に寝る前には火元を見廻るのが家族の習慣になっていました。しかし、そんな戸々の努力にも拘わらず、残り火が隙間風によって息を吹き返し、勢いづいて大火事に発展することがありました。

　特に昔は麦わら屋根がほとんどで消防力も弱かったので、火事が始まると集落を総なめにしてしまい集落民みんなが路頭に迷うことも多々ありました。

　ですから、そのような惨事を起こさないためにも「火の用心」の夜回りが各集落で行なわれておりました。そして、夜回りによって小火が発見されて消し止められたので大火にならずにすんだとの話があっちこっちにありました。

　しかし、日本の経済成長とともに生活様式が変わって、燃料が燃し木から石油や

ガスへと移っていく中で、いつの間にか、「火の用心」の夜回りもなくなりました。確かな年はわかりませんが、夜まわりで鳴らしたあの鐘は、最後に当番になった家か、当時の役員の家に保管されたと推測されますが、果たしてどこにあるのかと、懐かしさとともに興味がわきます。

　いずれにしても、自分達で家庭を、集落を守ろうとした夜まわりは、集落の絆を深める年中行事でもありました。

　嵐山町（当時は菅谷村）消防団の機構改革により、嵐山町北部の要として、古里に従来の牽引式消防ポンプに変わって消防自動車が配置されることになりました。そして従来の消防組織を廃して、昭和42年（1967）8月に新たに嵐山町消防団第二分団第二部として消防組織が結成され、私も消防団員となりました。

　今でこそ夜中の火事は珍しくなりましたが、その頃は、まだまだ燃し火が多く使われていたので、夜中の2時～3時頃になると残り火が燃え上がる火事がありました。出動要請が有線放送電話より流れて、消防自動車が出動することがたびたびありました。

　その頃のことを考えると、人々の命や財産を守ってきた夜まわりが果たした役割が如何に大きかったかを改めて感じます。

　それに昔は、年末の火災防止運動の時には、消防団員がそれぞれの家の勝手元を見回って注意をするとともに、火災防止の「火の用心」のお札を勝手元に貼り付けました。

　しかし、昭和40年代中頃からどこの家でも家屋を近代的な家に建て替えるようになり、かまどのある勝手もなくなり、張り紙をはる場所もなくなって札を渡すようになりました。そして何時の間にかその風習もなくなりました。

73　我が家の母屋のこと

　我が家は、明治時代の初め頃に貧乏して母屋まで売り払ってしまったとのことです。

　そしてその母屋は、飯島高司さんの先祖様が、飯島武雄さんの家から分家するときに買い取って分家住宅にしたのだそうです。

　私の母方の曾祖母、いわゆる私の母の祖母が、飯島武雄さんの家に生まれ、小林英助さんのところに嫁に行きました。その祖祖母が16歳の時に、尾根台の坂を、私の家を解体した材料を積んだ荷車が引き上げられるのを見たことを、その孫であった私の母によく言っていたそうです。そこで、私の曾祖母の生まれ年を調べたところ、元治元年（1864）8月1日でしたので、16歳と言うと明治12年になります。昔のことですからかぞえで数えるとかなんだとかのこともあると思いますが、明治12年頃だったことは間違いないようです。

　父が言うことには、大きな家であったのを、大工さんが主柱を切り間違えて短く切ってしまったので（大きな家すぎたので故意にしたとも考えられますが）、全部の柱を同じように短くしたので、丈の低い家に成ってしまったのだとのことでした。そして、その柱はもったいないから縁の下に放り込んで置いたらしいと何時も言っていました。

　何年か前の新年会の時に飯島高司さんにそのことを話してみました。そしたら、母家を建て替える時に、縁の下から抱え切れないほどの柱が何本も出てきて魂消たと言っていました。

　そこで、父の話と所有者であった飯島高司さんの話がほぼ一致するので、この話は、故意か間違いであったのかはいずれにしても、本当なんだなあと改めて思いました。

　そして、その時に我の家の門が飯島家一門に引き取られ、重輪寺に飯島家一門で寄進したのだそうです。

　私の母の言うことには、大塚皓介さんの祖母（曾祖父の妹で安藤貞良さんのところに養女に行き、そのあと大塚皓介さんの祖父の妻となった）が、昔の家は、長屋門のような形だったと聞いたとの話も聞いています。でも明治11年（1878）生まれですから、いくら物覚えが良いと言っても知ろう筈もなく、本当の話はわかり

ません。
　書き物でもあれば、今の重輪寺の門は、私の家の門をそのまま飯島家が引き取り寄進したのか、改装して寄進したのか判るのですが、無いことが本当に残念です。でも、一切を無にした過程の中で、私の家の門が飯島家に譲られ、重輪寺に残っていることは嬉しいことです。
　私の育った母屋は、昔の蔵や物置などを解体して作られたとのことで、四方から板が張ってある柱があって、板を剥がすとほぞ穴がいっぱいありました。また、あっちこっちにほぞ穴がいっぱいある材料が使われていました。まさに我が家の栄枯盛衰を知り尽くした材料で組み合わされて建てられた家だったのだと思われます。
　そして今は、昭和37年（1962）に建てかえられた母屋に住んでいます。大分ガタガタしてきたり、今風でもなくなってきましたが、「父ちゃんのためならエイコラサッサ」の土突きによる基礎固めの最後の年代に建てられたものです。でも、母屋を建て替えた頃はどこの家もまだ麦わら屋根でしたので、農家では珍しい玄関があり、小江川の電気屋の叔父が腕を振るって配線した電灯が煌々と輝く近代的な家で注目のまとでした。

重輪寺の山門

74　きのこ

　私の子供の頃には、山は綺麗に手入れされていて、山にはきのこがいっぱいありました。

　初茸(はつたけ)は尾根台から長嶺沢の畑に通じる山道の側の山の中に生えました。ですから、きのこの季節がやってくると、畑の帰り道に山道の法面に生えているのを採ったり、ちょっと山に入って一掴みほどの初茸を採って家に持ち帰り、その晩の煮込みうどんに入れて楽しみました。

　乳茸(ちたけ)は、山道の側にも生えましたが、岩根沢の今の大久保キリスト教会の入り口あたりが松山で平らな山でしたので其処に良く生えました。

　また、我家の清水の畑の隣の山（今の嵐山郷の食堂あたり）の大松の根元に、千本しめじが毎年のように生えましたので、きのこの季節になると楽しみでした。

　そしてある年の秋も、山に行くと千本しめじが生え始まっていました。でも、まだ小さかったので、大きくしてから採ろうと思って木の葉などで覆い隠そうとしていると、どこかのおじさんがやって来て、「知っているんだから駄目だよ」と言いました。そのおじさんも、楽しみにしていた一人だったのでしょう。

　また、きのこ採りの好きな人は、一本しめじの生える場所を知っていて、大きな一本しめじを採ってくるとみんなに見せびらかせました。

　でも、そのように毒キノコも含めて豊富に生えていたきのこも、今では、見つける機会がなくなりました。もちろん、千本しめじも一本しめじも見つけたという話を聞かなくなりました。

　自然のきのこが生えなくなったのは、山が荒れただけではなく、大気汚染による酸性雨が原因であるという人もおります。しかし、原因はいずれにしても、数十年前までは豊富に生えていたきのこは、本当にどこへ行ってしまったのでしょう。

　栽培されたきのこではなく、古里でとれた自然のきのこをもう一度食べたいものです。

75　アイスキャンデー屋さん

　夏になると、私の家の前の県道熊谷・小川・秩父線の道路を熊谷の方から、のぼり旗を立てて、自転車の荷台に白い箱を積んだアイスキャンデー屋さんがやってきました。私が小学生の頃に、学校の小使いさんが授業の始まりと終りの知らせに鳴らしていた手振用の鐘と同じような鐘をハンドルに吊るして、チリンチリンと鳴らしながらやってきました。

　そのキャンデーの値段は5円、大きさは割り箸のような棒に刺さった幅4cm×厚み2cm×長さ15cmほどのものでしたが、ガリガリとした甘っぽい舌ざわりと冷たさは、何とも言えないほどの美味しさでした。

　キャンデーを一本丸ごと食べたことがあっただろうかと言う思いが未だに残っていますが、時々祖父が気を使ってお金をくれたので、アイスキャンデー屋さんの鐘の音が聞こえてくると家の外に飛び出し、アイスキャンデーを買ってみんなで分けてたべました。

　それに、真夏のたなぐさとりの時、今日はキャンデー屋さんが来たらと言って渡された5円を持ってたなぐさとりを頑張り、キャンデー屋さんのチリンチリンの鐘の音が聞こえてくると、県道まで飛んで行って待ちかまえたこともありました。父や母と分けて食べた美味しさはまた格別でした。

　ですから、真夏のなんとも言えないほどの暑さの中、砂利道を汗をかきかき自転車のペタルを踏んで、冷たい食べ物を売りにくるキャンデー屋さんの姿は、いつも田なぐさとりとともに思い出します。

76 なっとう屋さん

　子供の頃、熊谷の方から納豆屋さんが自転車の荷台に納豆の入った籠をつんで、私の家の前の県道を小川町の方へ行きました。

　小川町まで行くのだとの話を聞いたような気がしますが、その納豆屋さんの「なっとうなっとう」と言う掛け声は、とても澄んだ大きな良い声をしていたので、遠くの方からも良く聞こえました。ですから、余裕をもって前の県道に行って納豆屋さんが来るのを待つことが出来ました。

　納豆屋さんに、辛子をもっと欲しいとお願いすると、ひげっかわ（経木(きょうぎ)）に包まれた納豆のへりの方をちょっとまくって辛子をたくさん納豆に付けてくれました。

　その納豆屋さんが来なくなって何年か後に、別の納豆屋さんが自転車でやって来るようになりました。その納豆屋さんの呼び声は、なぜか「ねっとうねっとう」と聞こえる掛け声でした。

　昔は拡声器も無かったし、車もほとんど無かったので、自転車などで声を張り上げて物を売る商売がいろいろありました。

　いずれにしても、あの「なっとうなっとう」と言う掛け声と「ねっとうねっとう」と言う掛け声は、今も耳の中に残ります。

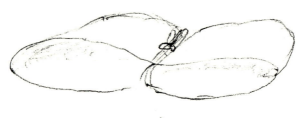

納豆のつつみ

77　盆やぐら

　昔は1ヶ月と10日遅れの8月23日（蚕の都合で何日か前後した年もありました）が迎え盆でした。しかし盆迎えは、昼間はお盆を前にした仕事もいろいろあったので、いつも夕方の薄暗くなるころになってしまいました。

　墓場に行って、先祖様をお迎えして、提灯の中の蝋燭に火をつけて、提灯を先頭に先祖様と一緒に帰ってくると、いつも常会場の庭に建っている盆やぐらの提灯に火が入ったころで、薄暗くなった常会場の庭に盆やぐらが浮かび上がっていました。

　そして夜になると、近郷近在から若衆が集まってきて、太鼓のリズムにのっての踊りの輪が庭いっぱいに広がりとても賑やかでした。若衆達の中には、スイカなどのお面だか帽子だかをかぶって仮装している者もいて、子供心にも興味しんしんで楽しんで見ていました。

　その頃の若衆に聞くと、今年は農作物が不作だから盆やぐらは止めようと決まっても、夜遊びに集まってきた若衆で建ててしまったとか、のこともあったようです。盆やぐらは、夜遊びの最高の行事で、盆踊りを通じて若衆の行き来があったり楽しみがあったのだそうです。

　私も、昭和42～43年頃に、ありの巣会の仲間と一緒に滑川町の盆やぐらに行って踊ったこともありますが、尾根常会場に建った盆やぐらの頃の雰囲気とはまったく違いました。

　でも、尾根の盆やぐらは5階だったとのことですが、尾根常会場の庭にそそり立つ盆やぐらの提灯に映える盆やぐらと、太鼓に合わせて若衆が踊りまわる光景、そして、盆踊りが始まることを知らせる迎え太鼓、終わったことを知らせる送り太鼓として奏でられる古里の祭り囃子の音は未だに忘れられません。

　そして、盆やぐらの4本の通し柱は、しもの農協の米麦保管倉庫の庇に長く保存されていましたが、欲しいという人があって譲ったそうです。

　その後、昭和49年（1974）に盆やぐらの話が持ち上がり、材料がないので嵐山郷の建設予定地から盆やぐらの柱にするための木などを貰い切りして盆やぐらが復活しました。でも、復活したやぐらも立派なものでしたが、想い出の中にある昔の盆やぐらの方が高さも趣も違うと思いました。盆やぐらの4本の通し柱を処分したのが、盆やぐらが復活する1～2年前だったと聞いた覚えがありますが、もしも

昔の材料を使ったとしたならばと、いまだに残念に思っています。
　そして、その盆やぐらも数年で終わりとなりました。
　しかし今、古里親ぼく会主催の納涼祭として、八坂神社跡地に作った遊園地として平成20年（2008）より復活し、古里囃子保存会の子供達によって、古里祭り囃子の音が元気にひびいています。

78　流れ人

　私の小さい頃は、歩きでいろいろな人が私の家にもやってきました。
　その頃は、今のように何でも使い捨てではなく、なんでも直して大事に使う時代でした。箕を直す人、傘を直す人、釜や鍋などの穴があいたのを直す人などなど、多種多様の直し屋さんがやって来て、いくらかの修理代で壊れたものを直してくれました。
　また、いろいろな芸人もやってきました。
　小さな俵を座敷に放り投げて転がす俵転がしの人、家の前で大きな声で歌を歌う人、三味線などの音に合わせて語りを唸ったりの人、手獅子の口をパクパクさせながら小踊りさせる人、5円か10円のお礼料を得るためにやってきました。
　また、絵画や仏具や家具などの職人もやってきました。
　肖像画や小物の家具などの注文を受けて、泊まり込みで作る人もいたそうです。私の家の大きな位牌も、戦後のあるころ、仏具師が来ていく日か泊り込みで作ったものだそうです。
　また、占い師やおがみ屋などもやってきました。
　私の家に来た占い師が、まだ2〜3歳の私の顔を見て、私の「藤夫」と言う名前に疑問を持ったのが切っ掛けで、父があっちこっちで藤夫の姓名判断をして貰ったそうです。でも、どこでも同じ事を言われるので改名を考え、馬内に住んでいた高波宮司にお願いして名付けられたのが基氏だそうです。そして、裁判所への名前変更の申請は、私が熊谷の裁判所の側の代書屋で書類を作ってもらって提出しました。そして、裁判官の面接の後、昭和40年（1965）3月1日に裁定が下って、私の本名が「藤夫」から「基氏」に変更されて戸籍に記載されました。
　それに、私の子供の頃から私の家に来ていた通称「おてんぐ様」は、平成の時代になっても秩父の方から時々やってきて、米一升のお礼で床の間に祝詞をあげてくれました。
　また、物もらいもやってきました。
　農家の入り口に立って食べ物などを乞う人に、麦御飯のおにぎりやさつまの蒸したものなどをあげると喜んでほおばりました。5円か10円のお金もあげることもありました。

また、集落のお堂などには、流れてきた坊さんや身寄りの無い人などが、管理人のような感じで住み込んでしまったところがあっちこっちにありました。
　古里の尾根の阿弥陀堂（常会場）の庭には、阿弥陀堂にいたことのあるお坊さんであろう３基の石塔が立っています。近年では、母が子供のころに母の実家にもちょくちょく風呂をもらいに来たりょうぼっさんという坊さんが住んでいたそうです。
　いずれにしても、私の子供の頃には何事も全体がひとつになっている中に人の流れがあり、静かに時も動いていたように思われます。
　しかし、これらの流れ人と農村の生活は、昭和20年代後半から始まった日本経済の急激な成長に伴う雇用の充実、社会構造の変化によって、昭和30年代に入るとどんどんと姿を消して、40年代には殆どなくなってしまったように思えます。
　人も物もすべてが使い捨ての時代となったように思えるこのごろ、あの頃のことが懐かしく思い出されます。

79　粘土シャンプー

　まだ私が小さかった昭和20年代の後半の頃まで、私の祖母やおばさんは粘土で頭を洗いました。そこで、たのまれて粘土を取りに行ったのを覚えています。

　場所は長峰沢の谷津の西側の山沿いを流れる小さな小川で、その小川の水にえぐられて露出した青みがかった粘土を手で掘り取りました。そして掘り取って来たぬるぬるとしたその粘土で頭を洗うと、とても気持ち良いと祖母やおばさんから言われたのを覚えています。

　頭髪用の洗剤が広く普及するようになると、何時の間にかそんなことも無くなりましたが、まさに良質な粘土シャンプーでした。

　今考えてみますと、ぬるぬるとした肌触りの良い粘土は、ファンデーションや口紅、マニキュア、保湿クリームなどの材料として利用されているように、頭髪にも肌にも潤いを与えてくれる性質を持っていたのです。ですから、その粘土を生活の中に取り入れてきたのは、古(いにしえ)の昔からの長い間の経験から生まれた生活の知恵であったのだと思います。

　また子供の頃は、子供に引き継がれた場所（残念ながら忘れました）から黄土色の粘土をとってきて，神輿(みこし)などを作ったりして遊びました。でも掘り出してきた粘土は、直ぐに乾いてひび割れて形が崩れてしまうので、せっかくの作品が駄目になってしまいます。そこで湿気を保つために粘土に塩をまぜたような気がします。

　私の思ってきたことが正しいかどうか、生活の日々に余裕が出きたならばいつか粘土に少し塩をまぜて、湿気が保てるかどうかやってみたいと思っていますが…………。

　いずれにしても粘土は、その特性からいろいろな利用方法がありますが、自然のままで生活に生かした使い方もあったのです。

80　お風呂

　昔のお風呂は、どこへでも簡単に動かせる風呂桶が主流で、風呂桶の側にたらいがあって、たらいの中に足場台がおいてあるというものでした。どこの家でも母屋の片隅の影になるようなところにありました。

　そして、母屋にも蚕を飼っていたので、蚕が大きくなって蚕座(さんざ)が広がってくると、蚕に風呂場が占領されるので、軒下や物置の片隅に周りを囲って仮の風呂場を作りました。

　私の家の風呂は、母屋とは県道（一級県道熊谷・小川・秩父線）を挟んで一段下がった大きな蚕屋の中にあり、それぞれの都合で順番に行って入りました。と言っても、風呂桶が足場台の入っているたらいとともに広い土間の中ほどにおいてあるというものでした。

　ですから我家でも、蚕が大きくなると蚕屋の中が蚕でいっぱいになるので、風呂を前の軒下に出してまわりを戸板などで囲って風呂場にしました。

　そして、蚕の時期を過ぎると、また蚕屋の中に戻しました。

　ですから、屋外に備え付けられた風呂に娘が入ったのを知った夜遊びの男衆達が、みんなで田んぼの真中まで担いで行っておいてしまったとの話を、私より幾昔（一昔が10年）か前の若衆から酒の席などでよく聞かされました。風呂に入っていた娘さんは、裸のままなので風呂から出るに出られず困ったでしょうが、どうなったのでしょうか。その結末は聞いたような気がしませんが、どうしたのか心配です。

　いずれにしても、昔はどこの家でも風呂桶のお風呂で、母屋の隅の方にあるのが一般的で、ちゃんとした仕切りがあれば最高でした。

　そして風呂水は、今のような水道はありませんでしたので、井戸なり溜池などから水桶等で汲んでこなければなりませんでした。それに毎日入れ替える手間もありませんでしたし、それよりも豊富でない水を使用していましたので、少なくとも2〜3日は風呂水替えをしないで風呂水を汲み足すだけで使用していました。

　子供の頃に、風呂の中に突っ込んだ棒が垢(あか)で立つようになったから、風呂水替えをしなければとの笑い話があったのを覚えていますが、水の少ない地方だったので、渇水期になると一週間位はそのままで風呂をたてざるをえませんでした。

　また、風呂の中の垢をすすると体にいいとの話も聞いたことがあります。

私の家は、蚕家の裏の井戸の水が豊富であったし、それでも井戸の水がなくなると、今の尾根入り口のバスの停留所あたりにあった小さな池「たにあ」の水を汲んで風呂に入れたのでそれほどでもありませんでしたが、それでも風呂に入る前に風呂水の上に浮いている垢をすくってから風呂にはいり、風呂から出るときには、体を揺すって体にまとわりつこうとする垢を振るい落として風呂から出た子供の頃の記憶が、今もまだ頭の片隅に残っています。

　それでも物日には、どんなことがあっても風呂桶を洗い新しい水で風呂をたてました。天王様の日には、昼風呂をたてて、男衆は風呂に入って身を清めてから支度をして神輿を担ぎに出かけました。

　しかし、戦後の著しい経済成長とともに生活様式も大きく変化をはじめた昭和30年代に入ると、ガッチャンポンプの普及で水汲みは楽になり、風呂場の意識も変わりはじめて周りを囲む固定した風呂場が多くなりました。風呂水の立てかえも多くなってゆきました。

　特に、水源の少なかった私の地区に劇的な変化をもたらしたのは、都幾川を水源とする昭和39年（1964）に七郷地区を中心として施工された水道工事でした。

　このことによって、水に心配の無い生活となり、風呂も毎日たてかえられるようになって、垢をすくって入るお風呂は、夢のまた夢の昔話となりました。

風呂桶とたらい

81　風呂たき

　私の家のお風呂は、母屋の前の県道を挟んで建てられていた蚕屋(かいこや)の中にありました。

　お風呂は、風呂釜のついた風呂桶で、風呂の中に水を入れて釜で火を焚いて風呂水を温めるものでしたから、風呂に入るには、風呂釜に薪をくべて火を燃やして風呂を炊かなければなりません。

　ですから、忙しい農家においては、おのずと風呂焚きは子供の仕事となりました。

　夏の間は、風呂が沸くのも早いですし、日も長いし、それに家の者も遅くまで蚕屋に居ることが多いので、火を燃やしつけて置くと家の者もまきをくべたりしてくれるので、何となくみんなで風呂焚きをしているような感じなのですが、冬場の風呂焚きは一人で心細いものでした。

　「風呂をわかして」、「風呂の火むしをしろ」と言われて、母屋から真っ暗な蚕屋に行き、ただっぴろい土間にある暗い電球を点けて、土間の真中に据え付けてある風呂桶の釜に火をつけて、一人で火燃しをしていると木枯らしがガタガターンと雨戸を鳴らします。そして、寒い風が隙間から吹き込んでくると、小さい子供の心にはなんとも言えぬ怖いような心寂しい気持ちがわいてきました。

　それに、昔は外灯が一つも無かったので、雨の日や新月の時などの夜は本当に屋外はすべてが真っ暗でした。ですから、母屋から25mばかり離れている県道を隔てた蚕屋に風呂に入りに行くのに、目をつぶるような感じで怖さをこらえて夢中で駆けて蚕屋に飛び込みました。そして一人のときは、夢中で風呂に入り、夢中で母屋に帰ってきました。

　今になれば、これも懐かしい思い出ですが。

82 蚊帳(かや)

　蚊帳は、部屋の中を包むように吊って、その中に布団を敷いて寝ると、蚊に刺されることもなくすやすやと寝ることができるので、夏の夜には無くてはならないものでした。

　私の子供の頃、どこの家もほとんど麦わら屋根で、家の中の仕切りは主に襖(ふすま)障子で、夏の間は障子を外して家の中をあけっぴろげにして生活していました。

　その頃は、家の周りの排水等も整備されていなかったので、今よりも藪っ蚊がいっぱいいて、家はあけっぴろげだったので蚊がぶんぶん家の中に入ってきました。それに、蚊だけでなく家の中の電球につられてカブトムシやバッタなどの夏の虫もたくさん家の中に入ってきたので、寝室に蚊帳をつって蚊などの侵入を防ぎました。ですから、蚊帳の中への出入りはとても気を使いました。

　蚊帳の中に入ろうとするときには、うちわで扇(あお)いで、蚊や虫などを追い払ってから蚊帳の中に潜り込まなければなりませんでした。それでも間違って蚊が蚊帳の中に入ってしまったら大変です。蚊帳の中に入ってしまった蚊を手で叩き取るまで追いかけまわさなくてはならないので眠れませんでした。

　また、ときには甲高(かんだか)い鳴声をした蝉なども加わって、蚊帳の上に点いている裸電球の周りを乱舞する様を、蚊帳の中から面白く見上げることも多々ありました。

　そして、蚊帳の使い方がもう一つありました。

　私の子供の頃は、暑い夏の日の午後になると、真っ白い入道雲がもくもくと湧き上がって毎日のように雷様がごろごろとなり、恐ろしいほどの稲妻が空中を走り回り大雨を降らしました。

　そしてそんな時、子供たちは「外に居ると雷様にお臍(へそ)をとられるから早く蚊帳の中に入れ」「雷様が危ないから蚊帳の中にはいれ」などと言われるので、一目散に蚊帳をつって中に潜り込んだものです。私の家では、子供だけでなく御祖母さんなども一緒に潜り込んできて雷様のとおり過ぎるのを待ちました。

　そこには、昔の人達の自然への崇拝や恐怖や感謝とともに、長い間に学んだ「雷が来たら逃げる」のだと言う安全対策を子供の頃から植えつけることであったのかも知れません。

　いずれにしても、大きな雷が鳴って稲妻が鳴り出すと蚊帳の中に逃げ込んだもの

です。

　今でも、仲間に入れてもらえないことを「蚊帳の外」と言いますが、蚊が襲ってきたとき、雷が鳴ったときに蚊帳の外に居る切なさを表現する言葉だと思います。

83　ひるね

　昔はどこの家でも麦わら屋根（茅もあるときは混ぜました）で、家の中は田の字田の字の間取りでした。襖障子などで区切られていた家でしたので、夏になって障子を外すと家中を風が吹きぬけました。

　そこで農家の人達は、夏は日が長いので朝早くから起きだして、涼しい午前中に仕事をして、昼飯を食べると3時過ぎまで昼寝をして、その後一杯お茶でも飲んでから、暗くなるまで農作業をしていました。

　どこの家でも夏になると、座敷の薄縁の畳を上げて板の間にして涼を求めました。私の家でも夏になると板の間にして涼を求めました。しかし、板の間にすると雑巾がけを毎日して板床をきれいにしておかなければなりませんでした。そこでおのずと、雑巾がけの主力として子供である私に声がかかり、よく雑巾がけをした思い出があります。

　そして、その板の間の上にござなどをちょっと敷いたりして、昼飯が終わると家中の者が大の字になって昼寝をしました。子供だった私は、沼に水浴びに行って帰ってから家の人達に混ざって昼寝の仲間に加わりました。

　でも、あの冷たい板の間の感触が忘れられません。それに、麦わら屋根の開けっぴろげの家の中を頬を撫ぜながら通り過ぎていくなんとも涼しい風の香りも未だに忘れられません。

　瓦葺屋根の家に住んでいた隣の光一小父さん（蒟蒻屋の祖父の弟）は、「ここんちは涼しいから寝かしてくんない」と言って、よく昼寝に来ました。

　そんな麦わら屋根の私が生まれ育った家も、傷みがひどくなってきたので、昭和38年（1963）に建て替えて瓦葺屋根にしました。

　しかしそれから以後、瓦屋根はあたためられ、家の中もあつくなって前のように涼しい風を楽しみながら昼寝をすることができなくなりました。そして、光一小父さんの言い分がわかりました。

84　熊谷の花火

　松と松の間から丸いものが出てきたと思うとパンとはねる。みんなが「今のはきれいだった」と「わあ」とかんせいをあげる。ちちばしのほうからも「わあ」というかんせいがこっちのほうまできこえる。

　これは、私が偶然に昭和34年（1959）の中学一年生の夏休みの作文集を見つけて、平成6年に編集発行した「ある夏休みのことです」の中の私の近所の女の子が書いた作文の一部分です。

> 千葉にだえ一年一条
>
> 　私は、おかあさんと、けんちゃんと、きよさんと、おひろさんとで花火を見にいきました。おかあさんが、「ちちばしのほうが良く見えるだべー。」と、おひろさんが、「ちちばし行く。」とゆったら、おひろさんのひさいさんの裏の畑でも見えるだんべー。」と私はゆった。「おねんどんとけんちゃんでばらばらかけていって、上あがったらんとけんちゃんでばらばらかけていって、上あがったら私は声をはりあげて、「良くみえるよ。」とゆって書いながらゆくんがおいたら、あきよちゃんと、としこちゃんからまさいちゃんとやっちゃえる。」とゆった。私は、「まさいちゃんなんかきかなかった。」と、あきよちゃんが、「やっちゃん、だまっあきよちゃんが、「ふふふ」と笑ってしまいました。私は、「まさいち私は、「おれと。」でこちゃんが、「そんだっておかしんだもの」の方からも「わあ」とかんせいがこっちの方まで聞こえる。「今のはきれいだったな。」と、「わあ」とかんせいをあげる。ちちばし松と松の間から丸いものが出てきたと思うとパンとはねる。みんなが「今のはきれいだったな。」と笑っちゃだめだな。」と言うと、「そんだっておかしんだもの」それから家に帰ってきたのが九時です。それから寝たけどなかなか眠れない。十時もしている。母や父や兄や姉は、ぐぐといびきをかいて寝ている。私はまだ眠れない。そして花火が終わったとみえて、うちの前の県道を熊谷の方からバスやオートバイが帰ってきてうるさくて眠れない。でもそれからよく眠れた。

　私の子供の頃は、車もなくテレビもなくお金もなくて娯楽の少ない時代、熊谷の花火大会と言うと大人も子供も楽しみの一つでした。ですから、花火大会の見える高台などにみんなで集まって花火大会を一緒に見て楽しみました。

　この作文の中の上土橋（ちちばし）と言うのが、尾根台より400mばかり北東にある熊谷市江南地区板井（いたい）が望める私の家の畑沿いの農道のことで、熊谷の花火には毎年たくさんの部落の人がうちわを持って集まりました。

　その頃は、山の中もきれいに管理されておりましたので子供たちは花火の観賞とともに山の中を駆けまわったり、ガシャガシャ捕りなどもしました。きれいな花火が上がると「わいわい」と言い合ってみんなで喜び合いました。

　私も、熊谷の花火の時には、家の前の耕地を隔てた高台の能天坂にも行ったことがありますが、もっぱら上土橋に行っての花火見学でした。

　上土橋の花火見学のところの畑に一度だけスイカを作りました。スイカが大きく生ったので、そろそろ食べごろだと思ってとりに行ったらなくなっていました。これがちょうど花火大会の頃と重なっていた時期だったので花火大会で見つかってしまって、戯れに盗まれたのかなとの思いが、未だに頭の中に残っています。

　ともあれこの頃は、自家用車なんて考えもつかない時代、行動範囲も限定されて

いて娯楽も少ない時代でしたから、熊谷の花火大会は大人も子供も楽しみだったのです。
　今から考えると、その頃は近所の交わりも深く、近所の人達はみんな根っこまで知り合う仲でしたので、何の気兼ねもなく付き合い助け合っていた時代だったのかと思われます。

85 我家のねずみ

　私の家では未だにねずみと同居していて、いろいろな物を食べられたり齧られたりすることもありますが、本体を見かけることはほとんどなくなりました。

　しかし昔は、ねずみと共生している実感がありました。暗くなり静かになると、屋根裏から家の梁づたいにそろそろと現れました。まだ家族が起きているのに右や左や上や下をキョロキョロと首を振るような仕草で何かないだろうかと探しはじめました。

　裸電球の下で宿題などやっている時などに、大神宮様の棚に大きなねずみがぞろぞろと並んだこともありました。

　そして蚕屋にもねずみがいっぱいいました。季節ごとに収穫され山積みされた脱粒前の米麦、豆類などを失敬したり、厳重に保管されている米麦、豆類などなどを、ねずみ小僧に負けじと狙います。

　ですから、そのねずみを狙う青大将蛇も蚕屋の屋根裏には巣食っていました。時として蚕屋の屋根裏の梁をゆっくりと移動して居ることがありました。蚕家のひさしに積み上げられた燃料用の条桑束の上に赤みを帯びた大きな青大将が二匹、たぐろを巻いて動かないので、父が壁を隔てた家の中に、線香を立ててその臭いで追い立てたことも思い出にあります。

　なんとも、私の子供の頃は、人とねずみと蛇が共生している生活がありました。

　そして、そんな生活の中に、私の妹の武勇伝が生まれました。

　春になっていよいよ蚕の季節になるので、蚕の掃きたての準備のために蚕屋の中を片付けていたときのことです。私も一緒になって片付けていたのですが、父が土間にあった米俵等を片付けていたところ、行き場を失ったねずみが飛び出したのです。

　その時、土間で遊んでいた幼い妹がとっさに手を出して、無意識にねずみの首元と背中をしっかり5本の指で掴んでねずみを捕らえたのです。

　ねずみを掴んで呆然とたたずむ妹の手の中で、ねずみが足をバタバタとして首を振っていやいやをしていました。

　そして妹は、ねずみを取った手の指がねずみに食い込んだまま、驚きで手がぎこってしまってねずみを放すことが出来ずに、「とっちゃった」と言って今にも泣き出

しそうな顔になっていました。

　そのあと、どうしたのか思い出せませんが、父が妹の手からねずみを取り外して処分したのだろうと思います。

　しかし、ねずみの話になると妹のネズミ捕りのことが思い出され話題になります。

※　ところですが、ここ数年、気がついてみたら昔のような大きな家ねずみを見かけることがなくなりました。
　　見かけるのは本当にちっちゃなねずみばかりです。押し入れに入り込んで布団に穴をあけたり、物置の袋などに穴をあけたりなど、悪いことのし放題です、
　　家の構造が変わって、戸締まりがよいので昔のねずみは今風の家には住めなくなってしまったのかも知れません。
　　そして少しのすき間でも入り込めるちっちゃな種類のねずみが急速に増えてきたのかと考えます。

86　蚕屋の煙突と屋根裏

　我家の大きな麦わら屋根の蚕屋には大きな煙突がありました。
　その煙突にたどり着くには階段で2階に上り、2階からはしごで3階に上がって、3階から籠などを足場にして、屋根裏の枠組みの横棒によじ登り、その上の横棒によじ登りしながら行かなければなりませんでした。
　ちょうど煙突の下に棟木があって、そこに腰をかけて、煙突の扉を押し倒すように開くと、古里の耕地が小川町の西古里から熊谷市江南地区の塩の方まで一望に見渡すことができました。私が何時頃から蚕屋の煙突に行くようになったのかは思い出せませんが、屋根裏の枠組みの横棒を一つ一つクリヤーして上に登って行って、煙突にたどり着こうとする冒険心と体力が一致した小学3～4年生頃からではないかと思っています。
　蚕屋の煙突まで登って棟木に腰掛けて外を見渡すと、新しい世界が其処にあるように思えました。そこでちょっと間が出来たときなどに登って、新しい世界を見渡すような面持ちで、屋根裏の煙突の下の棟木に腰掛けては外を眺めました。
　そこから宿題の絵を書いたこともありました。
　それに屋根裏には、ぼろぼろになった茣蓙(ござ)に包まれた鞘(さや)も痛み刀身も錆付いている2本の日本刀が差し込んでありました。初めて刀を見たときはビックリ魂消ましたが、興味しんしんで、時々刀を鞘から抜いてみて刀の重さを確かめていました。
　そしてその日本刀は40年前頃に警察にとどけて、刀研ぎ師に研いでもらったところ、綺麗な波紋があらわれました。
　大人になってから父に聞いた話では、2本の刀は先の大戦の敗戦処理として、米軍の刀狩が始った時に、「どんなに隠しても金属探知機で探し出し、違反したものは大変な罰を受ける」と言うデマが流れたので、見つからないように蚕屋の裏の樫の木の根元に何年も埋めておいたので錆びてしまったのだそうです。火縄銃もあったそうですが、それは命令に沿って供出してしまったのだとのことです。
　他にも屋根裏にさしてあった物があったような気がしますが、思い出せません。
　いずれにしても、蚕屋の屋根裏と煙突は、子供の頃の遊び場でした。

87　屋根の葺き替え

　昭和30年代後半頃からボチボチと麦わら屋根の家屋の建て替えが始まり、かわら屋根などに変わってゆきました。しかし昭和40年代頃まではほとんどの家が麦わら屋根で、我が古里集落も麦わら家屋が軒をならべておりました。

　私の家は、母屋がだいぶ傷んでしまったので昭和38年（1963）に建て替えて瓦葺にしました。しかし、それまでは母屋も蚕屋も牛小屋もみーんな麦わら屋根でした。

　ですから、どこの家でも麦を作り、麦わらを家の周りで天日干しして納屋などに保管しておきました。そして麦わらの量のことや手伝いの手間のことなどもあって、いっぺんに屋根の葺き替えができずに毎年少しずつ屋根の葺き替えを行なっていました。

　私の家でも、田植えが終わり麦の脱穀が終わって梅雨が明けると、麦わらを我家の母屋と蚕屋の間を走る旧県道に、家から旧消防小屋までの100mぐらいの両脇に干して乾燥させて牛小屋の屋根裏などに保管しておきました。

　旧県道は乗り合いバスも走っている主要県道でしたが、まだまだ一般的には牛車や馬車が幅を利かす時代でした。バスのほかに乗用自動車が走るのは稀で、道路は牛車の轍で砂利を砕いて舗装道路のように踏み固めるので埃もたたなかったので、県道の両側には麦わらだけでなく安心して稲籾も麦も干せました。

　屋根屋さんが屋根の葺き替えにくるのは、お手伝いのこともあって農家が忙しい時に来てもらっても困るので、屋根屋さんの仕事は忙しい農作業のなくなる冬場の仕事が主流でした。

　そして、私の家に来てくれる屋根屋さんは、西古里の親戚のおじいさんで、来てくれる時期は決まって5月下旬から6月上旬ころの春蚕が忙しくなる頃でした。

　親達はその理由として、「頼まれた家に行くのに農家が忙しくなってからでは悪いから、濃い親戚が最後になるんだよ」と言っていました。その話を子供心にも納得していました。

　農作業が忙しくなってからの屋根屋さんの手伝いは、子供が頼りになります。屋根屋さんは、親戚のおじいさんが親方でいつも子分の屋根屋さんを1〜2名連れてやってきました。そして屋根屋さんが来ると、いつも私が頼りにされました。

屋根屋さんは、初めに稲株を干すはんでい棒で足場を組んでから始めます。足場を組み終わると、屋根の古い麦わらを剥ぎ取る作業と合わせて麦わらを屋根の上に上げる手伝いがあります。そこに私の出番があり、一生懸命に手伝いました。

　そして、麦わらの取替えが始まると屋根裏に陣取ります。麦わらを屋根にしっかりと固定させるために、屋根裏の垂木棒に巻きつけ縛り付けるための作業の手伝いです。先のほうの穴に縄を差し込んだ槍ん棒を、屋根屋さんは屋根の表から屋根裏に差し込みます。屋根裏にいる私は、その槍ん棒に差し込まれている縄を抜き取り、ハイとかイイデスとかの縄を取り外した合図を屋根屋さんにおくります。すると屋根屋さんは、槍ん棒を抜き取って、次の屋根裏の垂木棒の間を目がけて槍ん棒を差し込んできます。その槍ん棒がちょうど良いところに来たときには、ＯＫの合図を送って外してあった縄を槍ん棒の穴にいれてやります。

　駄目なときは上とか下とか右とか左とかと、屋根裏の者が、屋根裏の垂木棒に槍ん棒の縄がよく巻きつかるような場所に誘導してやらなくてはなりません。

　それが私の手伝った屋根裏の仕事でした。一生懸命に手伝って、屋根屋さんに褒められるのも嬉しいことでした。それに、屋根の上に横に平行にして屋根の頂上まではんでい棒で何本も足場が組まれます。その足場の上にあがって外を眺めるのも、煙突に登ってみるのとは気分の違う気持ちの良いものでした。

　また、「屋根の古い麦わらを抜いていたら冬眠している蛇を掴んでしまった」との屋根屋さんの話もいまだに忘れられずにいます。

88　井戸の水源探し

　比企地方の丘陵地帯のほとんどのところが水源に恵まれておりませんでした。ですから渇水期になると、どこの家でも生活水にも苦労していました。

　私の集落も例外ではありません。どこの家でも幾つもの井戸を掘って水源を確保してきました。私の家でも、旧母屋の裏の井戸、安藤貞良さんの畑の中にある井戸、それに蚕屋の裏の井戸、私が作ったハウスの中の井戸と4つの井戸を使用していました。

　と言っても、安藤貞良さんの畑の中にある井戸は、昭和40年（1965）に町営水道が引かれて飲料水が豊富になってからは我家では使用しなくなりました。また、蒟蒻屋も昭和46年（1971）に駒込のほうに引っ越してからは使わなくなりました。

　今のビニールハウスの北側、ゆずの木の西側あたりに私の子供の頃にはくるみの木がありましたが、父が言うには、その根元あたりにも井戸があったそうです。

　ですから、水源の豊富な井戸を掘り当てることは生活を安定させるものでもありましたので、水源探知機もない時代の水源の探し方は、色々なやり方が伝承されてきたのだと思います。

　私が親から教えられた井戸の水源の探し方は、満月の月夜の晩に、水つぼに水を入れて、その水面に月がきれいに写るところに水源があるといわれました。

　ですから私も、昭和46年（1971）に蚕屋の前の畑（今のビニールハウスの中の井戸）に井戸を掘った時は、洗面器に水を入れて畑の中をあっちこっち持って歩きました。そして、その中で一番月の映りの良かったのが今の井戸が掘ってあるところでした。

　そこで、井戸側を用意して、少しずつ井戸側を上に足すような感じで掘りました。

　そしたら、2尺巾の井戸側を7本入れて深さが4mを超えたときに、土壌が砂目に変わり水が噴き出してきました。そこで掘るのをやめました。

　それから以後、ハウスの中で水を出しっぱなしにして井戸を空にしてしまったこと幾たび、しかし出しっぱなしに気がついて水道を止めておくと、たちまち水かさが増してきて使用できるようになります。

89　天気予報

　私の子供の頃はテレビもありませんでしたので、天気予報は1台の備え付けのラジオで聞くより他に方法はありませんでした。

　私の地方の天気予報は、熊谷の気象台の予報をもとに発表されていたとの事ですが、器具も技術もまだまだ発達していなかった昭和30年代頃までは、天気予報があまり当たらなかったのかも知れません。熊谷の気象台の職員には失礼な言葉ですが、そんな私の子供の頃には、珍しいものとか心配なものを食べるときには、「熊谷の気象台、熊谷の気象台」と言って食べれば食あたりをしないですむとの冗談が横行していました。

　そして、天気予報はもっぱら雲の動きで予想していました。

　笠山にどのように雲がかかると雨が降るとか、北西の方向に吸い込まれるように雲が流れていくと入り雲だから大雨が降るとか、自然の流れの中で天気予報を予測していました。そして、それが良くあたりました。

　テレビが普及し、人工衛星から眺めながらの天気予報は、自然の流れを基準とした天気予報よりも当たる確立が高くなり、今ではすっかり昔の予報の基準を忘れてしまいましたが、今にして思えば、その頃の自然を主体にした天気予報のことをメモっておけばよかったと思うことしきりです。

90　むじなの嫁入り

　我家の前の耕地向こうの長竹(ながたけ)（嵐山町吉田の小字名）の、使用されなくなった米麦乾燥場があるあたりですが、その辺の山すそを左の方から右の方へボーーボーーとした火の玉がゆらゆらと流れることがありました。

　それを、「あれはむじなの嫁入りの行列の灯だよ」とおじいさんやおばあさんなどから教えられました。

　ちょうど其処には墓場があって、むじなの嫁入りの灯の正体は、死んだ人の命が人魂となって墓場の中から抜け出しているのだとも言われました。

　そして、むじなの灯が現れるのは、決まって夏の蒸し暑い夜であったように記憶しています。

　いずれにしても、私も子供の頃に何回もその光を見ました。怖いというよりも、何か神秘的な思いに駆られたのを覚えています。

　今はどこの家でも電気照明が豊富で、家の外まで赤々と照らし出しています。街灯もそこらじゅうに設置されていて、一晩中何処へ行っても不夜城のごとくに煌々と輝いています。

　そんな明るい現代では、むじなの嫁入りの灯は何処からも見られない明るさとなってしまったのでしょう。街灯なんてまったくなく、何処の家庭でも40W、60Wの電球をいくつか吊るして生活していた時代だからこそ味わえた話だったのでしょう。もう二度と味わうことが出来ないと思っていますが、その時代の月の光、星の光は、とってもきれいで明るく神秘的でした。

91　おひな様

　寒く厳しい冬の季節を通り越して、日陰の根雪も消え、まだまだ寒さを残すものの小川の水も緩んで生暖かい風が感じられるようになると、野山が一斉に動き出して若葉が溢れ出し色とりどりの花で埋まります。そんな季節の４月３日が桃の節句で雛祭りです。

　私の家も、奥の部屋に裁縫台などを利用して、妹の段飾りを基準にして段々を作り、妹のガラス箱に入ったお雛様や古い古い一人雛をいっぱい飾りました。奥の部屋がお雛様でいっぱいになりました。

　そして雛祭りの前には、もち米の紅白の餅と、もち草入りの米粉餅をつくり、お雛様の日には菱形に切ってお膳の上に積み重ねてお供えしました。ピンク色にあでやかにきれいに咲いた桃の花も飾りました。

　前の耕地の中を流れる新川から、ガラス筌（うけ）で捕ってきたタナゴ（しらんぺた、あかんぺた）やどじょうをガラスの金魚鉢に入れて飾りました。

　餅は、切り餅の切れ端などを細かく切ってあられにしましたが、お供え用以外は普通の切り餅にして食べました。しかし、お正月と違って、雑煮やお汁粉や砂糖醤油の海苔巻きの食べ方でなく、砂糖をまぶした黄な粉をつけて食べました。一口ごとに思いきり沢山の黄な粉をつけて食べた満足感はなんとも言えない思い出です。

　そんな昔のお雛様も、娘のお雛様も、仕舞いこんでしまって、我家の雛祭りも途絶えて数十年にもなります。しかし、余裕が出来たらそんな雛祭りを復活させたいものです。

　私の子供の頃は、冬になると木枯らしが毎日毎日吹きまくり、30cmほどの大雪が何回かありました。溜池にはスケートが出来るほどの厚い氷が張って、３月末ごろまで根雪が木陰などに残っていました。

　そして、４月と言う言葉を聞いたとたんに、手品の如くぱっと野山が青くなり、どこもかしこも花が咲き乱れる春になりました。

　今は温暖化の影響で、本当の冬が無くなってしまったのか、子供の頃の手品のような春がなくなってしまいました。

　あの頃の春の香り、生暖かい風、お雛様の雛段に飾られた金魚鉢のしらんぺた、

あかんぺた。雛祭りと言う言葉を聞くと懐かしく思いだされます。

92　こたつとあんか

　私の生まれた頃の私の家には囲炉裏がありました。
　春になると、囲炉裏の上に板を敷いて囲炉裏を仕舞って板の間にしてしまうのですが、お正月近くになると囲炉裏の上にあった板をはがして囲炉裏にしました。
　その囲炉裏は少し深い囲炉裏だったのでしょう。火を燃やした後の残り火（熾(おき)）や、炭火をおこして囲炉裏の中に入れて、囲炉裏の上に板格子の蓋をして、こたつ布団をかぶせてこたつにしました。
　そして、周りから布団の中に足を入れると布団がでこぼこしてしまうので、皆で協力して布団の中央を平らにするようにしてからカルタ取りなどをして遊びました。皆で気を合わせて平らにするのが当たり前の雰囲気の中で、カルタ取りなどをして遊びました。
　しかし、昭和30年代半ばごろだったのでしょうか、何時頃だったか私の記憶にありませんが、コンクリートの炭火式堀りこたつに改修しました。
　私が中学3年生の12月中下旬の頃、この掘りこたつで勉強をしていた私のために祖父が炭火をおこして、十能(じゅうのう)で持ってきてくれて掘りこたつの中に入れてくれました。その時、その十能が私の右足のかかとの上にあたりジューと言う音がしました。飛び上がるほどの痛さがかかとを起点として体中を駆けめぐりました。
　しかし、祖父が私のことを思ってこたつに火を入れてくれたので、反射的に声も出さずにジーと我慢しました。でも、十能の先が私の足に当たったのでしょう。あたったところを見ると三日月形に焼きただれ、直ったあとは長さ2cm、巾5mm、高さ3mmぐらいのケロイドとなって残りました。そしてその祖父は、年を越えると持病の脳いっ血で倒れて、急に帰らぬ人となってしまいました。
　それから、そのケロイドは10数年も私とともにありました。見るたびに祖父を思い出し懐かしさが込み上げてきました。
　そして、何となく祖父の思い出として大事にしていたのですが、アメリカに行く機会に恵まれ、アメリカに2〜3ヶ月滞在した頃に手に出来ていたイボとともに、いつの間にかケロイドも急になくなっていました。水が変わったからなのでしょうか。嫌なイボには苦労していましたのでイボがなくなったことは本当に嬉しかったのですが、おじいさんのケロイドは、おじいさんとの絆が断ち切られたような感じ

がして本当に残念に思いました。

　今も掘りごたつに入るたびに、祖父の優しさと足に当たったケロイドのことを思い出します。

　そして、こたつのように使われたものにあんかもありました。あんかは黒い土製で上の方が丸びを帯びている30cmぐらいの箱型の格好をしていて、一方に穴があり、その穴から炭火の入った丸い植木鉢のような土製の器を中に入れてこたつ布団を上にかけて、その中に足や手を入れて暖める道具です。

　正月などにいとこ達がいっぱいやってくると、こたつに入りきれなくなるので、座敷に火の入れたあんかを置いてこたつ布団をかけて、こたつと同じようにみんなでそのこたつ布団の上でトランプなどをして遊びました。

93　春蟬（松蟬）

　春になり、野山を彩った桜の花も散って山々が新緑に包まれて初夏の日差しが目にしみる季節になると、松の木で覆われた山が一体となって一斉に唸り声を発しているかのようなジージーともギャーキュギャーキュとも聞こえる春蟬の鳴声に包まれます。

　嵐山町の総面積は 2,985ha です。そしてその三分の一の 1,000ha ほどが山林です。昭和 47 年（1972）3 月調べでは嵐山町の山林のほぼ半分にあたる 419ha が純粋な松の木の山で、その他の山林もほとんどが松の木の混ざる複層林でした。

　ですから春蟬が鳴き出す頃に一歩松林の中に足を踏み入れると、春蟬の耳を劈くほどの大きな鳴声が聞こえてきました。子供の頃、学校帰りなどでそんな春蟬の鳴声が聞こえてくると、いよいよ夏本番がやってくるんだなあと思ったものです。

　辞書などで調べてみると、春蟬はヒグラシのような透明な翅をもった 2〜3cm ほどの小さな蟬とのことです。しかし、松の木の高いところに生息しているので滅多にその正体が気づかれることもなかったので、松の葉を食い荒らす松げんむ（松に居るけんむし）が鳴くのだとの話がもっともらしく語られていました。

　それにしても、子供の頃から初夏の暑い日を一層にあつくさせるジージー、ギャーキュギャーキュと鳴く春蟬も、嵐山町の嵐山郷で昭和 51 年（1976）に初めて確認された松くい虫（マツノマダラカミキリによって運ばれるマツノザイセンチュウの増殖）によって、嵐山町のほとんどの松の木が昭和 60 年代までの約 15 年間程で枯れてしまったために松の木とともに死に絶えてしまったのか、それとも何処かへ逃げて行ってしまったのか、春蟬の鳴声を聞くことができなくなってしまいました。非常に寂しい限りです。

　でももう一度、暑い夏へのステップとして激しく大声で鳴いている春蟬の鳴声を聞きたいものです。と言うこととともに今の子供たちにも夏への足音として聞かせたいものです。

春蟬

94　野山の恵み

　私の子供の頃は、山も畑も田んぼも手入れがされていてとてもきれいでした。
　そのまわりの道端も、土手なども、牛の餌や堆肥にするために農家の人が朝草を刈ったのでとてもきれいでした。
　子供は自由に野山を駆け回って遊ぶことが出来ました。学校の登下校も、誰にも監視されずに自由気ままに帰り道を選ぶことが出来ました。
　勉強は学校で先生が充分に教えてくれるので学習塾に行かなくても良い時代でした。ですから子供たちは自然の恵みに接することができて、生活は自然の恵みの中にありました。
　春になって竹の子が生え始めると、しゃぶる時に口の中がざらざらしないように、竹の子の皮の表面のケバケバをズボンなどに擦り付けたりして取り除き、二つ折りにして皮の内側に梅干を挟んでしゃぶりました。
　一生懸命に梅干の入った竹の子の皮をしゃぶると、だんだんと竹の皮が赤くなってきて、梅の酸っぱい味がしてくるのです。だれが考えついて始めたのか知りませんが、なんとも言えないおしゃぶりでした。
　つつじの花が咲き始めると、つつじの花をつんで花の蜜を吸って甘酸っぱい味を楽しみました。花を摘んでビンなどに入れて棒で突いたりして食べたりもしました。
　麦秋の頃になると、桑畑にどどめ（桑の実）が色づき始めます。道端の大きな桑の木には美味しいどどめがいっぱい生っていて、学校の行き帰りには子供が群がりました。
　どどめにも違いがあって、濃い紫色をしているのを簸（ひ）かえり、薄ピンク色のどどめを米（こめ）どどめと言ったような気がします。どどめは簸かえりが主流で、米どどめは古い品種の桑の木に生りました。古い品種だったので桑葉の収量が少なく、だんだん桑葉の収量が多い改良された桑に植え替えてしまったのでしょう。家には長峰沢の畑のほんの一部にしか植えてありませんでした。
　でもさっぱりとした味で美味しかったので、どどめの取れる頃になると、桑きりの手伝いに行ったときなどには必ず其処の所に行って米どどめを探しました。
　簸かえりどどめでも、桑畑の土手に植えてあった大きな葉で大きな木になる『魯桑（ろそう）』と言う桑の木には、普通のどどめより一回りも大きな実がなったような気

がします。

　麦わらで麦わら籠を編んで、どどめをとりに行くこともありました。

　どどめの最盛期を迎える頃になると、山では山グミが真っ赤に熟れ始めます。学校帰りなどに山道に寄り道して楽しみました。

　道端や畑の土手などに生えている真っ赤に熟れた野いちごの実も楽しみの一つでした。

　夏を過ぎる頃には、土手に張り付くように生えているしどめ（地方によっては、草ボケ、シドミなどとも言う）の木の実が黄色く色づいてきて食べ頃になってきます。と言っても、しどめの実は黄色くなっても渋いというか、酸っぱいと言うか、顔をしかめながらの食べ物です。それでもしどめを見つけるとついつい食べたくなっておもいきりしかめっ面にして食べました。

　また、いたるところに自生している野びんずる（ノビル）は、取ってくると母が茹でて胡麻よごしにしてくれました。

　10月に入る頃になると、山栗が生り始めます。足でイガを割って実を取り出し、歯で栗の実の皮をむき、渋をとって食べました。

　運動会に茹でて持っていくために、山栗を山にとりに行ったこともありました。

　また山には小さくて丸い山柿もありました。

　春にはちたけ、秋には初茸を中心にいろいろなキノコも山に生えました。

　今では山は荒廃し、農地も畑を中心に荒廃化が始まり、昔はたわわに実っていた野山の恵みも激減したような気がします。そして今の子供たちを見るにつけ、登下校の道草もなくなったようですし、家ではゲームや塾に忙しくて、野山で遊ぶ雰囲気がなくなったような気がします。外で遊ぶ姿もなくなりました。

　でも、私が味わってきた野山の恵みを、今の子供達も必要なのではないかと思います。

95　ガッチャンポンプ

　昭和32年（1957）の父の日記帳が見つかりました。その7月15日のところに、ガッチャンポンプ（手押しポンプ）が熊谷の笠原ポンプ屋によって備え付けられたことが記されていました。

　井戸の深さ31尺、井戸のパイプ26尺、道中パイプ120尺、そして最後のところに、工事代金20,400円を支払ったこととともに「水かつぎも時代の流れとともに今日を限り也」と書き加えてありました。よほど嬉しかったのでしょう。

　私の子供の頃の水汲みの思い出として、学校から帰ると家でおじいさんが待っていて、水桶に天秤棒をさして、私が前、おじいさんが後ろを駕籠屋のように格好で担いで、裏の井戸だけでなく下の井戸（安藤貞良さんの畑の中にある井戸）まで水を汲みに行ったことが思い出されます。

　竹竿の先に付けているバケツをうまく操ってバケツに水を汲み、そのバケツのついている竹竿を引き上げてバケツの水を水桶の中に入れました。そして水桶がいっぱいになると2人で担いで家に帰ってきて、勝手にあった水瓶の中に入れました。

　そんな日課がありました。

　また、母が台所仕事をしている最中に勝手の水瓶に水がなくなると、手桶で水汲みを頼まれて、裏の井戸、下の井戸に水汲みに行ったことも度々ありました。

　我が大塚家の家屋が裏の畑の所にあった頃にも、下の井戸からの水汲みがあったのだと思いますが、ガッチャンポンプが入る前までのような水汲みは、明治13年（1880）頃に今のところに家屋を移してからの、ひーひーひーおじいさんの代（5世の祖）から80年ばかり引き継がれてきた、生活を維持するための仕事でした。

　ですから父も、子供の頃から当然のこととして手伝ってきた仕事だったと思います。だから水汲みの仕事がなくなることに対しては、父も感慨無量になったのだと思います。

　そしてこの日記によって、おじいさんとの水桶担ぎの私の思い出が、私が小学5年生であった昭和32年の7月15日の前のことだったことがわかりました。

　そして、ガッチャンポンプが、勝手の流しの水桶があった場所に備え付けられた2日後の17日には、ポンプのまわりがコンクリートによって整備されたことも日記に記されています。

大雨が続くと、井戸の水位のほうがガッチャンポンプよりも高くなるので、ガッチャンポンプから清水のように水が湧き出てきたのも思い出として残っています。
　ガッチャンポンプによって大きく生活が変わったことを感じました。
　しかし、そのガッチャンポンプはモーターポンプの導入によりその勤めを終えました。
　そして、当初は鮮明な緑色に輝いていたガッチャンポンプも、今は私の思い出として、水汲みから解放してくれた感謝感謝の記念品として、家屋敷地の片隅に設置され茶色に錆び付いたまま黙って立っています。

我が家に初めて入ったガッチャンポンプ

96　洗たく

　今では、洗濯機の中に洗濯物を放り込んでスイッチを入れると、昼寝をしていても脱水までしてくれます。そんな時代ですから、干さないで乾燥機の中に洗濯物を放り込んで洗濯は終わりという人もおります。中には乾燥までしてしまう洗濯機もあるそうです。

　まさに子供の頃のことを考えると夢ものがたりです。

　私の子供の頃の洗濯は手洗いでした。たらいの中に水を入れて、その中に横に波線の入っている洗濯板を入れて、その上に洗濯物を乗せて、その洗濯物に硬い固形石鹸をなびり付けてごしごしと洗濯板にこすり付けて洗いました。

　汚れがひどい所は石鹸をつけなおしてごしごしと余計にこすって綺麗にしました。そして、大洗いした洗濯ものは良く絞って、汚れないようにバケツなどに積み上げておきました。

　そして、大洗が終わるとたらいの中の水を汲み替えて洗濯物をすすぎます。石鹸の泡が消えて汚れ水が出なくなるまですすぎたいのですが、水が貴重なので前の堀に行ってすすいだり、小さな池である「たにあ」に行ってすすぎました。ですから渇水時期にはたいへんでした。

　今は、紙おむつも紙パンツもあって、赤ちゃんのお尻の世話も衛生的で簡単になりました。大小便の処理も、紙おむつや紙パンツで受け止めて、ぽいとゴミ袋に入れてゴミで出してしまえばいいのです。しかし2～30年前までは、布おしめ（おむつ）でしたので洗って干して乾かして、布が切れるまで再利用したのでたいへんでした。

　それでも、洗濯機が入ってからは、おしめの中のうんちは掻き落として別に捨て、洗濯機の中に放り込めば脱水までしてくれるので干せばいいだけになりました。

　そのまた少し昔の、私が育った頃までの母親はもっとたいへんでした。子沢山で赤ちゃんのおしめを全部洗わなくてはならないので本当に大変でした。

　それに寝たきりの老人を抱えて、老人のお尻の世話までもするようだともっとたいへんになりました。出てくるものも多いし、おしめも大きくなって、大きいのでおしめ替えもたいへんで洗濯の量も多くなりました。家では洗う水がないので、おしめを入れた駕籠を背負って川や沼へ洗濯に行っているとの話をよく聞いたもので

す。

　また、洗い張り板（巾 40cm×長さ 2.9m）があって、おばあさんなどは、染めた反物や解いた着物の布地などを洗って貼り付けて干していました。そんな情景もありました。

　それにしても、洗濯一つを考えてみただけでも、ここ数十年ほどでやり方が大きく変わったものです。

　昔は、家族が全員で農作業も家のことも頑張らなくては維持できない生活がありました。

　しかし今は、子供の労働力を当てにしなくてもよいほどに、何処の家でも日常生活が機械化されて労働力を必要としない時代となりました。

　でも、それによって家族の絆の深まりが得られたのかは疑問です。

97　しろうと演芸会

　昭和30年代初めの頃までは、あっちこっちの部落で地区の青年団による素人演芸会が行われていました。私の住む古里集落でも行なわれていました。

　場所は兵執神社の社務所の前庭で、庭の東側に舞台小屋を建てて、その舞台の前には筵がいっぱい敷かれて、部落の人達が座布団を持って筵の上に集まりました。

　そして舞台の上では、青年団の人達が幾晩も集まって練習したのであろう歌や踊りや漫才などの趣向を凝らした出し物を、筵の上の観客に披露して喜ばせてくれました。白い船員帽をかぶったマドロスさんや股旅姿の歌や踊り、派手な着物にタスキをかけて、酒樽太鼓に合わせて大勢で踊る花笠踊りなどが昨日のように目に浮かびます。

　また、秋から春までの農閑期の間には旅回りの芸人一座もやってきて、尾根常会場の庭に舞台小屋を組み、股旅物の演劇と歌や踊りを中心とした興行をうちました。

　それに、尾根常会場の庭や隠居の畑（関根弘子さんの今の踊りの稽古場あたりにあった畑）で、星空の下での映画興行もあったので、観客席の周りは筵などで囲ってありましたが寒い夜にはありったけの着物を着込んで座布団を持って見に行きました。

　テレビもない、金もない、これといった娯楽もない時代だったので、素人演芸会も旅回りの芸人一座の演劇も、寒い夜の野外映画も部落の人々にとっては本当に楽しみの一つだったのです。

　今から数えてもそれほど前ではないと思うのですが、今では考えられないような生活がその頃はありました。

昭和27年（1952）の
古里青年団の素人演芸会記念

98　外便所

　平成11年（1999）に、中国の昆明で開かれた花の万博博覧会を見学する機会を得ました。その時に、中国の農場の優良事例の見学がありました。

　その農場は、橋げたに敷かれた橋板が一枚おきぐらいに剥がされた4～5mばかりの川に架かる橋を渡ったところにありました。

　その橋の上を、昔の日本にもあった農村の生活の香りを撒き散らしながら、溜桶を天秤棒に担いだ人がわたってゆきました。そして私たちは、橋の向こうに優良事例があるというので、その人の後を追うように橋板の少ない橋に気をつけながらわたりました。

　その農場は小規模な区画整理がなされていて、区画ごとに三槽に区切られた人糞尿を入れるコンクリートの糞尿溜めが設置されていました。第一槽に入れた糞尿が腐熟するにつれて第二槽に、そして第三槽に至って下肥が回虫などもいない完熟な下肥となり、衛生的にも利用できる完熟堆肥として最高だと添乗員から説明されました。なんとも溜桶の香り、日本では農村の生活改善と称して便槽を設置して下肥を完熟させることが普及したのが、昭和20年代から30年代初めの頃の話だったような気がします。

　そのころは、ほとんどの家の便所は外便所で、それも今の方式とは違い溜柄杓(ためひしゃく)で溜桶に汲んで、天秤棒(てんびんぼう)で麦田や畑に担いで行って、散布して肥料の足しにしていたのです。

　日本と中国の時代の流れの差を感じながらも、中国が日本に追いついたときにどうなるのだろうかと思いました。

99　木枯らし

　昔は．年間を通じて今よりは気候が低温で、冬の寒さも厳しいものがありました。
　その先ぽうが木枯らしです。稲刈りが終わる11月下旬頃になって、北国から冬将軍の便りが届いてくるようになると、赤城山下ろしの木枯らしが容赦なく寒さを運んできました。
　北国から吹いてくる木枯らしは空気を乾燥させて、木造造りの家屋の土壁を縮み上がらせ柱と土壁との間に隙間を作り、その隙間からヒューヒューと家の中に入ってきて、人々を震え上がらせ冬の到来を告げました。
　農家の人達は慌てて冬の支度を始めました。
　畑の白菜を収穫して納屋の中に取り込み、冬場の生野菜として傷まないように稲わらなどで囲ったりして保温貯蔵しました。
　大根も掘りあげて、米ぬかで漬け込んだり、冬場の生野菜として温かそうな場所に穴を掘って埋めて、その上にコモなどをかけたりして保温貯蔵しました。
　しかし子供たちにとっては、木枯らしの訪れとともに農作業から解放されて遊びの時期がやってきました。
　北風がヒューヒュー吹く中を一毛田（水稲だけ栽培し裏作の麦は作付けしない水田）に集まって田んぼの中でベースボールをやったり、陣取りをしたり、ぶっちゅめや弓矢を作って小鳥を追いまわしたりしました。
　木枯らしとともに氷が張り始め、小川や溜池には、お正月の頃になると分厚い氷が張ってスケートなどの氷遊びができました。今のように危ない危ないと大合唱してくれる人もいなかった時代でしたから、子供たちは自分たちで氷の厚さを確かめ、大丈夫だとわかったら氷遊びを楽しんだものです。
　そんな遊びの繰り返しの中で、子供たちは成長してゆきました。
　今では考えられないことですが。

100　お正月の準備

　私の子供の頃は、お正月は本当に待ち遠しいものでした。

　「もういくつ寝るとお正月」との歌の文句のとおりの気持ちで、お正月が早く来ないかと待ちどおしく指折り数えて待ったものです。

　そんな今にも伝わるお正月を迎える準備、行事を思い起こしてみました。

○**12月29日**　お正月の準備は12月29日頃のお松迎えで始まります。

　山に行って松飾りに使う松を切ってきます。(しかし今は、昭和50〜60年代にすさまじい勢いで嵐山町の松の木を食い尽くした松くい虫により、山の松がほとんど枯れてしまったので、長峰沢の畑のふちに松飾り用に植えた松の木を使っています。)

　そして、正月餅をつくためにもち米をといで水に浸しておきます。注連飾りを作るために稲藁を綺麗に選ったら、正月餅用のもち米をといだとぎ汁を稲藁にかけて濡らしておきます。

○**12月30日**　私の家では昔から特別なことがない限り、餅つきを30日に行なってきました。(9のつく日に正月餅を搗くのは良くないと言われています)

　前日にといで水に浸しておいたもち米を、3升入る蒸籠(せいろ)に入れて竈の釜の湯が沸騰したら釜にかけて蒸かします。もち米が良く蒸けたかを確認(私の家では蒸籠から湯気が出るようになってから約50分を目安にしています。)するには、菜箸(さいばし)で蒸籠の中のもち米を刺してみます。そしてもち米の中を箸が素直に通って良く蒸しているようでしたら、臼にあけて杵で餅をつきます。

　近年は、餅を食べる量が少なくなったので、3升炊きの蒸籠で蒸して餅を5臼ついて、鏡餅、切り餅、大福餅を作ります。だいたい午後1時頃には終わりますが、昔は朝早くから夕方暗くなるまで15臼以上も搗きました。搗く餅も、もち米の餅、こもち(うるち米粉餅)だけでなく、米粉の中に大豆を入れた豆もち、もろこしを入れたもろこしもちも作りました。

　豆もちの焼いて食べるカリカリ感、もろこしもちのねっとり感は忘れられないものです。

　私が高校生だったでしょうか、父が冬場だけ土建会社に出稼ぎに行っていましたが、12月30日の餅つきの日にも、仕事が年内に終わらないので来てくれと

会社から頼まれてしまいました。仕方なく私が一人で餅を搗くこととなりました。夕方になって東松山の叔父が来てくれて、最後の1～2臼を搗いてくれましたが、ほとんど一人でついて、「よくぞ」と思ったのを覚えています。

　12月30日は、餅つきとともに年神様をお迎えする年神様用の神棚を組み立てて、年神様とともに各神々に注連飾り(しめかざり)を作って飾る日です。

　私の子供の頃は、父を中心に餅を搗き、祖父が氏神様、井戸神様、便所神様、流し神様などに松杭を打って松飾りをしてから（父の代になってから松杭を打っての松飾りがなくなったような気がします。また門松がないので聞いたところ、昔は玄関先に松や竹があったので作らなかったのだろうとのことでした。）上がり端にござを敷いて、その上で年神様の注連縄と注連縄飾りの縄と、神々に飾る注連飾りを作りました。その年の方角に向かって、天井に年神様の棚を吊るしました。

　しかし、母屋を解体して新たに母屋を新築した昭和37年（1962）からは、家の中の状況も変わって吊るす所もなくなり、天照皇大神の掛け軸のある床の間の飾り台の上に年神様の棚のまま年神様を飾るようになりました。そして、一夜飾りは良くないと言われるので、忙しく年神様に注連縄を飾り、それから、家の中の神々、氏神様、上下の井戸、物置、米置場、農耕機、車、便所、竈、風呂、墓場に注連飾りを飾りました。

　昔は、神棚の大神宮様、恵比寿様にも注連飾りで、注連縄飾りは竈の所だけだったような気もしますが、父が注連縄飾りをだんだんと増やして行って、父から引き継いだときには神棚、床の間、氏神様、竈のところになっていました。

○ **12月31日**　大晦日です。近年は、良くも悪くもお正月の準備と掃除を午後8時前には切りあげて大晦日の行事を始めますが、昔は今より忙しかったので、家の周り（宅地と母屋や蚕屋など）の片づけは大晦日になってしまいました。ですから、片付けの最後となった家の中の片付けの頃には、ラジオから流れるNHKの紅白歌合戦も半ばを過ぎていました。

　普通の日は麦入りご飯ですが、大晦日の夕飯は米のご飯です。家の中の片づけを終え掃除を終えてから、神棚、床の間、氏神様、仏壇にご飯をお供えしてから夕食となります。

　そして夕食が終わると、年男の父が年神様に供えておいたお払い用の幣束(へいそく)で家

の中を晦日払(みそかっぱら)いして、家の前の道路の片隅に立てました。

これで新しい年、お正月をお迎えする準備が完了しました。

ここ数十年の社会環境の変化は著しく、新しい年を迎える準備も価値観も大きく変化してきました。そして、各家庭ごとに引き継がれてきたお正月を迎える準備も、お正月を祝う行事も大きく変わりつつあります。

我家の行事も、長い歴史の中では、それぞれの時代に対応しつつ変化しつつも引き継がれてきたものと思われます。そして今は、私に引き継がれました。

これからどうなるか分りませんが、引き継いだ行事を我家の先祖様たちが築き上げた文化とも考え、出来るだけ大事にしてゆきたいと思います。

年神様（正月）

101　松の内の行事

○1月1日　我家のお正月は、年男(としおとこ)が若水(わかみず)を汲む行事から始まります。若水は自家水の水道から汲み、お茶をたてるために鉄瓶に入れてガスコンロでお湯を沸かします。

そして、女房殿が鍋の中に昨夜の内に里芋や人参などのお雑煮の具を入れておいてくれるので、別の容器にあく抜きのために水に浸しておいてくれた牛蒡をその中に入れて、水を必要なだけ入れてガスコンロで煮ます。

お雑煮の具を煮ている間に、年神様、神棚にお灯火を灯(とも)して、12月30日に搗いて作った鏡餅を初めに年神様にお供えしてから家の内外の神様にもお供えします。そして切り餅を真名板の上で2センチ角ぐらいの大きさに細かく切って、もち焼き網をガスコンロの上に乗せて豆の木（ダイズ）で返しながら焼きます。もちが焼かれてプーと膨れると取り皿の上に乗せておいて、30個ぐらい溜まったらお雑煮の鍋の中に入れて、醤油で味付けして煮込むと神様にお供えする雑煮は出来上がります。

お雑煮が出来上がると、神棚用の雑器に細切れの雑煮餅を一切れ、それに1～2切れの具を乗せて、お茶といっしょに年神様と神棚、床の間に供えます。次に、裏の樫の木の葉を取ってきて綺麗に洗って、その上に雑煮餅と1～2切れの具をのせて、氏神様をはじめ松飾りをした神々に供えて最後に仏壇にお供えします。

そして年神様にお酒と昆布をお供えして、年神様に供えておいた幣束で家の隅々まで『新年がよき年でありますように』とお払いし幣束を年神様に戻して、元旦の我家の朝の行事が終わります。

朝の行事が終わると、直ぐに仕度をして7時30分（数年前までは7時集合でしたので、元旦祭が始まるちょっと前に、神社で東の空に昇ってゆく初日を拝することが出来ましたが、今は初日が昇り終わってからの集まりとなりました。）から行なわれる元旦祭に行くのが年男の勤めです。

朝の一連の行事を駆け足で行なっても一時間はかかります。神社の元旦祭が数年前から30分遅くなって7時30分となっても元旦の朝は6時には起きなくてはなりません。

ですから、神社での元旦祭が終わって家に帰ってからお神酒をいただき、お正月気分になって雑煮をいただき、それからゆったりとした正月の朝の気分を味わいます、と言っても、父が認知症になってからは、朝、昼、晩だけでなく、面倒を見る日課がお正月にも加わりました。

　しかし、我家の元旦の行事は続きます。昼はうどん。夜はご飯を年神様からはじまって全ての神々にお供えします。

○1月2、3日　2日、3日の朝は、元旦に行った鏡餅をお供えすることと幣束でのお払いはありませんが、元旦の日と同じように朝、昼、晩と一日3回、元旦と同じものをお供えする行事がつづきます。

　そして、朝に家の中の神様に雑器でお供えした雑煮は七草粥に入れて食べるために、昼にうどんをお供えするときに下げて皿等に保管しておきます。このことは神様との一体感を求めるだけでなく、『ありがたい・食べさせて戴いている』と言う自然の恵みへの感謝の表現方法だと思います。

○1月4日　1月4日は、たな卸しと言って朝一番にお供えしてある鏡餅を下げて歩きます。

　そして、小正月までは年神様に朝のご飯とお茶は供え続けますが、そのほかの注連飾りをした神様へのお供え物はなくなります。いつもの、神棚、床の間、仏壇への朝のご飯とお茶をお供えする方法に戻ります。

○1月5日　また、我家では1月5日を節日（せちのひ）としています。昔は我家でも節日には、朝にうどんをうって内外の神様に供えたとのことですが、私の祖父の栄一おじいさんが、私の母に、朝にうどんを打つのは大変だから夜でよいと言ったので、それ以来夜になったとの事です（何時だったのかは聞かずじまいで母は亡くなってしまいましたが、きっと母が嫁に来た時のことなのでしょう）。

　また、松の内にはお炊きあげといって、年男が朝ごはんを炊き、一釜のご飯全部をお鉢に入れて年神様に供える行事があります。それは新年になって初めての卯日（うのひ）に行なっています。今は自動的にスイッチの入るガス釜でご飯を炊いて、釜の中のご飯をお鉢に移して年神様に供えるだけですが、父の時代の半ばまでは朝ごはんを炊くのも竈でしたので、慣れないご飯焚きにはチイチイパッパと苦戦したと思われます。しかし、母が手伝っていた様子でしたが。とに角も、律儀な奥方を持った年男にとっては有難い時代となりました。

○1月6日　1月6日は、山入りです。
　山入りには、御散供(白米)と切り餅3枚を山に持って行って、その年の方角(恵方)に向かって御散供と切り餅一枚を千切って投げ供えて、新しい年の山仕事の安全を祈ります。残った切り餅は家にもって帰り翌日の朝の七草粥に入れて食べますが、山入りの行事を行なった1月6日から木の葉掃きなどの山の仕事を始めました。
　畑に入ることも出来る鍬入れの行事もありますが、私の父が言うには、我家では正月3ヶ日が終わったら畑に入っても良いことになっているのだそうです。
　山入りの行事も、鍬入れの行事も、お正月を機会に自然の恵みに感謝するとともに農作業などの仕事から、人々を解放する時を作るための生活の知恵だったと思われます。
○1月7日　1月7日は七草です。松の内の仕上げです。
　朝は七草粥です。七草粥の中には七草と、正月3ヶ日の神様に雑器でお供えして保管しておいたお雑煮と、山入りのときに持ち帰った切り餅を入れて作ります。そして、年神様をはじめ松飾りをした神々にお供えしてから食べます。
　昔の人の知恵として、通常の生活に入る前に、お正月の餅腹で疲れた胃を癒すために消化の良い七草を入れたお粥を食べるのだとのことです。春の七草は芹、薺、ごぎょう、はこべら、仏の座、鈴菜、清白だといわれていますが、当地方では薺のことを七草といい、七草粥の中には、薺と人参、大根、牛蒡など、自家産の野菜を七色入れて作るのだと言い継がれているようです。
　そして七草は、新年になって初めて爪を切る日です。当地方では切ることをはぎると言いますが、お正月には爪を切っては駄目で、七草の日に初めて爪を切る習慣があります。
　深皿の中に前の日から薺を水に浸しておいて、七草の日に深皿の中の薺を取り出して薺についている水滴で爪を濡らして爪をはぎるのです。
　そうすると、一年間は爪に関する怪我も病気も無いのだと教えられてきました。お正月は爪をはぎっては駄目だから、大晦日の日には爪をはぎっておくようにとよく言われたものです。鍬入れ、山入りがあるように、お正月はすべてを休んでお祝いする日、身なりを整えて祝う日なのだとの、昔の人の知恵であったのかも知れません。

それに、意味は良くわかりませんが、七草の日には「七草なずな唐土(とうど)の鳥が日本の国に渡らぬうちにトトンガトントン…………」で始まる歌を、祖母と一緒に口すさんだものです。しかし、出だしだけしか思い出せないのが残念ですが。
１月７日までを松の内と言って、新年を祝ういろいろな行事が行なわれますが、１月７日の七草粥の行事を終えると誰もが通常の生活に戻って行きます。

　これらの行事も、平成５年（1993）に母がなくなるまでは、何となく父が中心で私が手伝いのような感じでやっていましたが、その後は立場が逆転して私が中心で父が手伝いになり、父の認知症が進み始めた５～６年前からは全く私の仕事となりました。

　私も、昔から引き継がれてきたお正月の行事を、少しでも後世に引き継ぎたいものと思っておりますが、私の子供の時と比べて、お正月の行事も大きく様変わりしました。

　昔は井戸の中から桶で汲み上げていた若水汲みも、今では同じ井戸の水であっても、蛇口を捻ってジャーです。お湯を沸かすのにも燃木はいりませんし、餅焼きも囲炉裏でなくガスコンロの上です。ご飯を炊くにしても、うどんを茹でるにしても竈は要りません。

　お正月の行事を引き継いでいくにも、随分と楽になったものだと感じます。

　しかし、それ以上に、毎日がお正月以上の豊かな生活となって、昔のお正月のような生活の節目と自然の恵みへの感謝の気持ちが無くなってしまったように感じられます。

102　小正月の準備

　小正月の準備は、今では仕事の都合で早くする年もありますが、通常は1月13日の小正月用のもち米をとぐことから始まります。

　そして1月14日の朝は、早く起きて餅つきをします。餅はもち米餅を2臼、米粉餅を1臼、そして最後に米粉を熱湯でこねて繭玉(だんご)を蒸籠に入れながら作って蒸かします。

　繭玉は普通のだんごの大きさですが、年神様に供える繭玉は普通の繭玉の3～4倍ぐらいの大きいもので12個（閏年は13個）作ります。

　小正月は繭玉正月とも言われるように、昔は何処の家でも蚕をしていましたので、たくさん繭玉が取れますようにと祈るお祭りであったのだと思います。

　餅つきと繭玉作りは昼頃には終わります。午後からは、年神様に繭玉を供える木（山が荒れる昭和40年代初めの頃までは山に行って団子の木を根株ごと切り取ってきて、根株から伸びている枝に繭玉をさしましたが、今は桑の木か、梅の木に刺しています）に大きな繭玉を刺して、年神様以外の神々へはお供え用として梅の小枝に1～3個ぐらい刺します。

　その他の繭玉は、保管しておいて雑煮に入れたりして食べるのですが、昔は今よりもたくさん作って、かたぎ（コナラ）の木に刺して大黒柱に括りつけました。ですから座敷いっぱいに繭玉の花が咲いたようでした。その繭玉も16日の朝にはもぎ取り、保管しておいて、雑煮の中に入れて食べたり、囲炉裏で焼いて食べたり、やましに行くときには持っていって休みの時間に焼いて食べたりしました。

　そして、小正月のものつくりをします。お供え用の繭玉飾りの準備が終わると、ハナ木（ニワトコ）を切ってきて、年神様用の筋の良いハナ木の2本を床の間に飾れる長さに切って、半紙で中程を束ね麻で結えます。その他の神様用としては、ハナ木の芽を一つ又は三つ付けて（奇数にする）切ります。家によっては、ハナ木を削って削り花を作って年神様や玄関に飾る風習を残している家もありますが、我家のハナ木は、子供の頃には削り花があったような、無かったような気がします。定かでありません。

　そして次は、オッカドの木（ヌルデ）を山から取ってきて、筋の良いところの皮をむき、2本の杭を作って、上の切り口を十字に割ってそこに繭玉を挟んで小豆粥

の掻き棒を作ります。残ったオッカドの木で、箸の真中が妊婦のお腹のように膨らんでいるはらみ箸を作ります。

　父が作った箸は真中が特に太く、両側も太かったので食べづらい箸だといつも思っていました。そこでできるだけ食べやすいようなはらみ箸を作るようにしています。でも、大きいほうが子宝に恵まれ子孫繁盛につながるのかなとも思ってしまいます。

　小正月は、繭玉正月だけでなく女の正月とも言われますが、子宝に恵まれ子孫繁盛を願うお祭りであったのかも知れません。

　そして、餅つきが終わり、繭玉飾り、ものつくり（粥掻き棒、はらみ箸、ハナ木の用意）が出来ると、年神様の注連飾りを外して、年神様に年神様用の繭玉とハナ木を飾り、お正月に注連飾りをお供えした神々にも飾ります。そして、墓場に行って墓場に供えた注連飾りと交換してハナ木を飾ります。

　これで我家の小正月の準備は終わります。

　そして、夜はうどんを内外の神々に供えて小正月を待ちます。

年神様（小正月）

103　小正月の行事

　1月15日は小正月です。
　朝起きると、年神様と神棚のお灯火をつけます。
　そして、妻が作ってくれた小豆粥とお茶を年神様にお供えして、そのあとにお正月にお供えした神々にお供えします。
　次にオッカドの木で作った粥掻き棒で、お粥の中を掻き混ぜて、粥掻き棒に挟んだ繭玉に小豆粥が良く付いたら年神様にお供えします。
　小豆粥とお茶と粥掻き棒をお供えし終わると、朝食が始まります。小豆粥は、オッカドの木で作ったはらみ箸を使って食べます。小豆粥を食べるときに、熱いのでフーフー吹いて食べると、田植えの時に西風が吹いて苗が傷んで不作になると親や祖父母から良く言い伝えられてきました。
　ですから熱くても絶対に吹いて食べないように、熱いうちは小豆粥を箸でつまんで持ち上げて少し冷ましてから食べています。間違って吹いてしまった時は「あっ」と言わないようにして、吹いてしまったことを気づかれないようにします。
　そして昼はうどんを供えます。
　これが小正月の行事です。
　小正月は女の正月とも言われます。16日は藪入（やぶい）りと言って、商家では奉公人に身支度を整えさせて、手土産を持たして家に帰す日とされてきました。しかしその起源を遡ると、嫁取り婚において嫁を実家に帰して親子水入らずの時間を与えてやる日だったと言われます。
　いずれにしても、我家の小正月の夜の行事が設定されていないのは、小正月から嫁を安心して実家に帰すための方策であったのかも知れません。それを考えると、昔の人は細かいところまで気を使って、家族の生活を組み立てていたのだと改めて思いました。
　1月16日の朝に繭玉、ハナの木を下げて歩きます。
　そして、年神様（幣束）は朝にお茶を供えた後に、大神宮様の北側において、年神様を飾る台は押入れの上の保管庫に収めます。小豆粥掻き棒は、大神宮様の北側の年神様を置いたところにおいて、苗代の時期になったら水口の両側に差し込みます。

そして、小正月の小豆粥を少しとっておいて、18日に食べると百足(むかで)に食われないと言われてきました。

　平成11年（1999年）までは成人の日が1月15日でした。成人の日を1月15日としたのは、この日が小正月であり、かつては元服の儀が小正月に行なわれていた所以によるものだと言われています。

　しかし、平成11年のハッピーマンデー制度導入（1月の第2月曜日。1月8日～14日）に伴い、成人の日はなぜに始まったかの歴史を知らない、また日本の文化を顧みない人達によって、ほとんどの日本国民が知らぬ間に成人の日が厳かな小正月とは切り離されて1月の第2月曜日に設定されてしまいました。

　そのことによって、今まで1月15日が祝日であったからこそ、昔からの小正月の行事が引き継がれ行なわれてきたのに、1月15日が祝日ではなくなり、仕事の合間での行事となって、小正月の行事が風前の灯となってきました。

　私の家でも、私が無理にでも1月15日には仕事を休んで、小正月の伝統を引き継ごうとしていますが、世知辛い世の中、どこの家でもそう言う訳にはいかないと思います。

　今まで先人たちが残してくれた伝統の重みも知らず、えてして世の中の常識も知らない、そして、常識の一つも継承していないであろう、一部の有識者と言われる人たちの意見によって、小正月の伝統が消えようとしています。

　この滅び行く伝統の付けを誰が責任を取るのか、時代の流れとの一言で済まそうとする人達の良識を、小正月が来るたびに思い考えます。

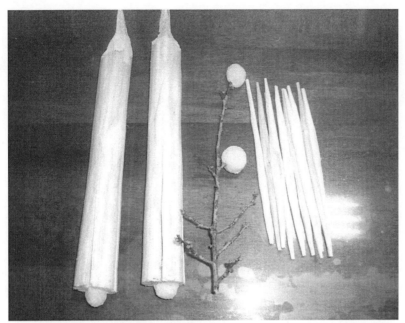
小豆粥掻き回し棒と繭玉飾りと孕み箸

小豆粥

104　恵比寿様

　1月20日は恵比寿様です。
　我家の恵比寿様は、木造の小屋に入っていて9cmほどの台座の上に立つ12cmほどの背丈で風格のある木造りです。黒ずんでいて年代不詳で何時の時代から我が家の流れを見守ってくれたのか分りませんが、足元には寛永通宝のお金が供えてありますから400年近く前のものかも知れません。台座には金ぱくのあとともみられ、造られた時には黄金色に輝いていたのかも知れません。
　でも、2～3年前の恵比寿様の時の移動中に、恵比寿様の手首がポロリと何もしないのに落ちてしまい慌ててボンドでつけました。老化現象なのでしょうか。
　そして、横19cm、高さ19cm、奥行き15cmほどの黒ずんだ箱型の恵比寿様のお社もあります。この社には、金色メッキされた小さな恵比寿様が納められておりますが、その恵比寿様は新しく父が納めたのではないかと思われます。初めにお社に収められたのは、違う恵比寿様だったのではないかと思われます。
　恵比寿様の朝は、小正月の餅と繭玉を入れたお雑煮を妻が作ります。そして私は、座敷に卓袱台(ちゃぶだい)を出し、神棚に鎮座している2組の恵比寿様を座敷の卓袱台の上にお移しして2組の恵比寿様の前に灯明をつけます。

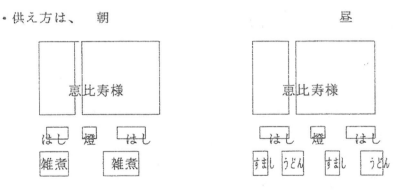

　朝は雑煮を茶碗に山盛りもってそれぞれの恵比寿様にお供えします。昼は茶碗の中にうどんと具をのせて、すましと一対でそれぞれの恵比寿様にお供えします。夜は、お茶をお供えして一晩お泊りいただき、21日の朝は、通常のお茶とご飯をお供えしてから神棚に戻し恵比寿様の行事は終わりとなります。

私の子供の頃は、お供えするお金もありませんでしたが、お金を供えるとお金が増えて戻ってくると言われていました。それに恵比寿様が、今よりももっともっと身近な神様だったような気がします。

恵比寿様

105　節分

　日本は、一年が春・夏・秋・冬と4つの季節に区切られ、それぞれの季節の趣が鮮明です。そして、季節の変わり目の初日のことを、立春、立夏、立秋、立冬と言い、それらの前の日のことを節分と言いますが、普通に節分と言うと、立春の前の日の2月3日のことを言います。また、春になる節分のことを年とりとも言って年齢を刻む日とも言われますが、万物が新しく芽ぐむ春をたたえて新しく生まれ変わることを意味するのかも知れません。万物が寒く厳しい冬を乗り越えて、野山が再び芽吹き、花が咲く春の季節を迎えようとする節分を、人々が心から待ちわびているからだと思います。

　私の家でも昔から2月3日の節分の行事を行なってまいりました。節分の日の夕方になると、大豆を5合ぐらい煎って一升枡にいれて大神宮様にお供えします。我家の夜の食事はうどんと決まっていますが、節分の夜は特別に米のご飯を炊き、糧(かて)に鰯(いわし)を焼いて食べるのが慣わしとなっています。

　鰯は、焼く前に2匹の頭を切り取って豆木（ダイズ）に刺して、その頭を口元に近づけて唱えごとのように『田んぼの虫、畑の虫を焼いてしまえ。○○ちゃんのおねしょの虫いなくなれ。○○さんの癇(かん)の虫飛んでいけ。』などと、農作物の病害虫などの駆除による豊作を願うだけでなく、病気や不満などの無くなって欲しい願い事を鰯の頭に唾を吐きかけ、閉じ込めるように言って、囲炉裏の火であぶって焼き殺す仕草をして灰の中に挿しておきます。家中の者がそれぞれに無くなって欲しい願い事を鰯の頭に唾と一緒に吐き掛けて焼き殺すと、トブグチ（家の正面玄関）の両脇にさして魔よけにしました。今は囲炉裏もなくなったので、鰯の頭をガスコンロの上に金網を乗せて焼いています。

　そして、軽く一杯を嗜(たしな)んで、夕食を終えると豆まきです。鬼が家の中から逃げられるように、縁側の障子をちょっと開けて、大神宮様に供えておいた大豆の入った一升枡を下げて、一升枡を左手で持ち、右手で一升枡の中の豆を掴んで、神棚、床の間、仏壇の順に「福は内、福は内、鬼は外」と大きな声を張り上げて鬼よけの豆まきをします。家の中の豆まきを終えると、逃げ出した鬼がすぐに家に戻って来ないうちに急いで障子を閉めます。

　それから、氏神様に行って豆まきをして、兵執神社、御嶽様、飯島稲荷の方に向

かって豆まきをします。氏神様で豆まきをしていると、近年まで兵執神社の方からも近所からも大きな「福は内、福は内、鬼は外」の豆まきの声が聞こえてきました。しかし近年は、豆まきの声が神社の方からも近所の方からも聞こえなくなったような気がします。家の構造が変わって立て付けがよくなったからなのか、節分の豆まきをする家が少なくなったからなのか、いずれにしても寂しさを感じています。

　節分の締めくくりは福茶です。豆まきが終わると、急須に豆まきの豆とお茶を入れて福茶をつくり一年の無病息災を願って飲みます。

　私の子供の頃は、家の中の豆まきが終わると、暗く寒い夜道を家中でほっかぶりをして、兵執神社に、御嶽様に、飯島稲荷に歩いて行って大きな声を出して豆まきをしました。そして、家に帰ってきてから福茶をたてて飲みました。寒くて凍えそうになった体が福茶を飲んで温まったのを覚えています。

　そして、豆まきに使った残りの豆を一掴みほど半紙に包んで、鬼の豆として仏壇の引き出しの中にしまっておきます。初雷がなったらこの鬼の豆を取り出して食べると、雷様の被害にあわないで元気に過ごせるとか言われています。

106　お盆様

　今から100年前の明治44年（1911年）8月の祖父（栄一）の日記を見ると、お盆は8月13日から16日までに行なわれたことが記されています。そして今も、お盆様は真夏の8月13日から16日までの期間で行なわれています。

　明治時代になって急速に養蚕の技術の向上が図られ、それまで一化性蚕種で春蚕だけの掃きたてであった養蚕も、先駆者の努力によって2回育も出来るようになりました。そして当初は不安定であった初秋蚕の蚕作も安定して生産されるようになりました。大正初期には人工孵化の技術も進み、年に何度も蚕が掃きたてられるようになりました。

　ですから、お盆様の日程も養蚕の飼育に影響の無い時に行なわれるようになって、8月下旬から9月に行われたこともあったようです。私の父の昭和32年（1957）の日記を見ると、お盆様は8月28日から31日迄となっています。そのあと暫くは、8月23日からのお盆が定着しておりました。8月下旬のお盆様の頃の夕方になると、秋風も立って秋の虫も鳴き始めてきます。何となくお盆様の風情と、西行法師様が詠んだ「心なき身にもあはれは知られけり鴫たつ沢の秋の夕暮れ」の歌の心境が一致するような感じがして物悲しくなってきたものです。

　でも、昭和50年代後半からの急激な養蚕の衰退は養蚕農家の減少をもたらし、養蚕農家を中心に動いてきた地域社会のあり方をも大きく変えました。お盆の日程も、昭和62年（1987）からは100年前のお盆の日と同じ8月13日から16日までの日に戻りました。

　お盆の行事は、8月13日の迎え盆から始まりますが、その数日前には茅萱を取ってきて干しておきます。そして、盆棚を作る縄を作るために、私の手で26尋ほどの長さの縄をないます。私の場合は両手を広げた長さの170cmが1尋です。

　盆棚は、迎え盆までには組み立てて先祖様をお迎えする用意をします。（近年は迎え盆の日の午後が施食法要なので、午前

188　六章　生活・くらし

中に盆棚を組み立てていますが、忙しい年も多いので迎え盆の前日までに盆棚の骨組みを組み立ててしまうことも多くなりました。）

　盆棚の上に茣蓙を敷き、その上に位牌などを仏壇から移します。そしてまわりには、仏事の掛け軸をかけます。昨年飾った盆花は花立てから抜いて、新しい盆花を飾り、古い花は盆棚の正面の左側のススキや女郎花で飾ってある飾り花のところに挿します。盆棚の正面の三本の縄にはほおずきを吊るします。スイカやかぼちゃなどの、家で取れた野菜などもお供えします。莫蓙は盆棚の下にも敷いて、その上に掛け軸の入っていた箱を置き、その上に子供の位牌を飾ります。精霊様も飾ります。

〇8月13日　我家の菩提寺、古里の重輪寺の施食法要は午後1時からと暫く前から決まっていますので、午後一番にお寺に行き施食法要が終ったら、頼んでおいた先祖代々等の塔婆をもらって家に帰り盆棚の前に飾ります。そして家の周りの片付けや家の中の片づけを済ませ、暗くなる頃までには先祖様を墓場までお迎えに行きます。

　盆迎えには線香と提灯だけをもって行きます。そして墓場で線香を供えたら、先祖様は自分の家を忘れるはずはないと思うのですが、先祖様が道に迷わないようにと辻に線香を立てて提灯に火をつけて案内して帰ります。

　帰りの途中、阿弥陀様（常会場）が開いているので寄って線香を上げます。それから家に帰って、家の入り口にも道しるべとして線香を立てて家に入り、墓場から点けて来た提灯を庇に吊るしたあと、お客に来た盆棚の先祖様に「よく来てくださいました」と線香を立てて手を合わせます

　迎え盆の夜の夕食はご飯で、カボチャとジャガイモと昆布の煮合せのおかずと油揚げのおすましと決まっています。私の妻が足を患って正常に座れなくなってからは、障子をはずして盆棚と相向かいの掘りコタツの茶の間を利用して先祖様と一緒に食べていますが、家族は盆棚のある部屋に卓袱台を置いて、先祖様と一緒の部屋で食事を取ることを我家の慣習としてきました。そして夕食が終わると、お寺から頂いた粉茶を入れたお茶を供えます。

〇8月14日　お盆様2日目の8月14日の朝は、ぼた餅と普通のお茶を供えます。留守居仏様（仏壇で留守を守っている仏様）にもお供えします。神棚にも、ぼた餅とお茶を供えます。

　昼はうどんを供えます。うどんを入れた茶碗の中に茄子のおかずを添えたのと、

油揚げで出汁をとったおつけです。

　夕食は迎え盆の夜と同じで、ご飯にカボチャとジャガイモと昆布の煮合せのおかずと油揚げのおすましを供えます。そして、家族はいつもの場所で夕食を食べますが、夕食が終わるとお寺から頂いた粉茶を入れたお茶を供えます。

○**8月15日**　お盆様3日目の8月15日の朝は、まんじゅうとお茶を供えます。留守居仏様にもお供えします。神棚にも、まんじゅうとお茶を供えます。

　昼はうどんを供えます。前の日と同じようにうどんを入れた茶碗には茄子のおかずを添え、油揚げの入ったおつけです。それと同時に、背負い縄うどんと言って、ひぼかー（うどんつくりのところで説明）のような巾の広いうどんを作って、盆棚の正面の上中下の3本のそれぞれの縄の左右に吊るします。

　夜は迎え盆の夜と同じ、ご飯にカボチャとジャガイモと昆布の煮合せのおかずで油揚げのおすましです。夕食が終わると、お寺からいただいた粉茶を入れたお茶を供えます。

○**8月16日**　お盆様4日目の8月16日は送り盆の日です。朝は、前の日と同じようにまんじゅうを作って、お茶もいっしょに供えます。留守居仏様（仏壇で留守を守っている仏様）にもお供えします。神棚にもまんじゅうとお茶を供えます。

　昼はうどんです。前の日と同じようにうどんを入れた茶碗には茄子のおかずを添え、油揚げのおつけをお供えいたします。

　そして、昼食を食べて一息して、普通のお茶と土産団子を作って進ぜてから盆棚の位牌など仏壇から移してきたものは仏壇に戻し、戸棚から出したものは整理して元に戻し、盆棚の材料も元に戻し、飾り物の竹やススキ、おみなえしなどは、使用し

お盆飾り

ていた縄で結わえて盆送りの時に持っていって墓場のゴミ捨て場に捨てます。

　盆送りのときに持っていくものは、捨てる物は別にして、線香、おさご（白米）、土産団子、水、それにお供えした花や、家の周りに咲いている花などを持ってゆきます。

　自分の家の先祖様達には家から持っていった線香、おさご（白米）、土産団子、水、花などをお供えして先祖様にお参りすると、迎え盆とは違って帰りには親戚の墓場や知合いの墓場にも寄って、線香、おさご（白米）、土産団子などをお供えしてお参りします。

　そして家に帰ると、お盆様が終わりとなります。

＊尋常高等小学校２年生（現在の中学２年生）だった栄一お祖父さんは、明治44年（1911）のお盆の日のことを日記に書きとめています。今と比較して興味深いものがあります。

107　十五夜様と十三夜様

　秋になると夜空が澄みわたり、お月様が真昼のように明るく輝く季節をむかえます。そして秋になると、お月様にお供え物をしてお月見を楽しむ十五夜様と十三夜様のお祭りがあります。

　十五夜様とは、旧暦の8月15日の秋空に輝く満月のことで、「中秋の名月」とも言われます。十三夜様は旧暦の9月13日のことで、十五夜様の「中秋の名月」に対して「のちの月」とも言われています。

　静寂な秋の夜に皓々(こうこう)と神秘的に輝く秋の夜の月を、侘(わ)びを解する日本人は、古の昔より月を崇める日、また「月見」と称して月を観賞する日と定めてきました。

　我家でも、十五夜様と十三夜様の夕方になると縁側の月が良く見える場所に卓袱台を置いて、その上に一升瓶にすすきと十五夜花を入るだけ挿しこんで飾り、十五夜様には御鉢に饅頭を15個、十三夜には饅頭を13個（今は食べる量が少なくなったので簡略して皿の上で数も奥方に聞かなければ分りません）と秋の収穫物である柿やさつまいもや、サトイモ、栗などをお供えして、月に向かって手を合わせます。

　私の子供の頃までは、月明かりの中で陣取りやどこらふきんなどの子供が夜遊びをする日でもありました。私達より一回り近く上の先輩達の子供の夜遊びの中には、お月様へのお供え物や、柿の木に登って柿の実を失敬したりしたとのことも含まれていたようです。

　その頃の、若い衆の面白い夜遊びの話を聞いたこともありますが、月夜の晩の若い衆の夜遊びはどんなものだったのでしょうか。いずれにしても、この月見祭りの行事は、秋の夜の侘びしい心もちを一層に際立たせる演出とも思われます。

　そこに、お月様を敬(うやま)い自然と謙虚に向き合って、自然を楽しもうとする日本人の知恵が垣間見られます。

108　葬儀

　平成25年（2013）1月15日の朝に、私の父正市は自宅のベットの上で安らかに永眠しました。そして、父の通夜（16日）と葬儀（17日）は菩提寺である重輪寺で執り行いました。

　父の野辺の送りの法事には、受付を中心にしたお手伝いを隣組や近所親戚の人にお願いし、準備と進行は農協の職員まかせでお願いして無事に終えることが出来ました。

　しかしかつては、近所・親戚の人が中心となって1から10までの葬儀の段取りをして、みんなで使者の死を悼みながら無事に冥土に行けるようにと供養して送り出す慣習がありました。

　昭和40年頃からだったでしょうか、農協において葬儀の資材、用具を取り扱うようになり、近所の人達が葬儀の準備のためにあっちこっちのお店に奔走することが少なくなりました。

　しかし、葬儀の準備が楽になっただけで、葬儀のやり方についてはまだまだ従来の方法を引き継いでいて、近所の人のやるべきことは沢山ありました。本当に大きく変わったのが、死者の霊を弔う儀式の全てが、商売葬儀になってきたここ十数年だと思われます。

　そこで私が経験した我家の葬儀、祖祖母（昭和27年2月）、祖父（昭和37年1月）、祖母（昭和54年4月）、母（平成5年10月）、おば（平成13年2月）、父（平成25年1月）の葬儀を振り返りながら、葬儀の移り変わりについて、まだまだ昔のやり方が色濃く残っていた母「ゆう」の葬儀記録を紐解きながら振り返って見ることにしました。

　これがまた、先祖様への供養と考えてまとめてみました。

(1)　隣組打合せ

　私の母「ゆう」は、手術前の病院での説明当初は成功率99％と言われて臨んだ心臓弁膜症の手術でしたが、1パーセントの確立の中に遭遇して、平成5年（1993）10月9日の午後4時14分に毛呂山町の埼玉医大病院でなくなりました。すぐに隣組の人、近所親戚の人、親戚の人が我家に集まり部屋を片付けたり、母の寝床を敷いたりなどして母が病院から帰ってくる準備をしてくれました。そして母はみん

なが出迎えてくれる中を家に帰ってきました。

　母が家に帰ってきて、みんなが母の枕もとに線香を供え母への挨拶が終わって一段落すると、隣組の人達と近所親戚の人が集まり葬儀の打ち合わせをしてくれました。

　隣組の人達と近所親戚の人が中心となって、葬儀の準備から役場への連絡、お寺への連絡、めど番（穴番）へのお願い、近所への連絡など、など、葬儀がスムースに進行するように手配してくれました。次のメモは近所の人が打合せの結果を纏め、進行に伴いチェックしたものの写しです。

[手書きメモ]

③ お通夜会葬者への引物 並び

会場：一般 → 引導者 略行 引物を渡す
会社関係、 楢"会葬礼状、ハンカチ 渡す

12日 男女共 7時30分集合

8:00〜 読経
8:30   出棺
9:30   火葬
 〜
12:00 戻り
1:00〜 葬儀 告別式

※ 母の葬儀の時には、用具等は農協にお願いするシステムが出来上がっていました。ですから、地元の農協職員の飯島史一さんに、農協で葬儀の司会までお願いしたいと連絡しています。しかし、祖父の頃には棺桶（棺箱）を大工さんにお願いし、近所の人が小川町の方まで買い出しに行っていろいろと葬式の用具をそろえたようです。祖母の頃には、棺桶、用具等は農協に頼むようになっていました。

※ 私の集落においては、棺を墓場に埋けるための穴を掘る人をめど番と言い、集落の上・下（上集落に5隣組、下集落に5隣組）に分れて2人ずつ順番になっていました。
　この呼び名は同じ嵐山町においてもいろいろらしいですが、当地区のめど番と言う言い方は、冥土行きを示す冥土のめどなのかと推測しています。

※ 当地区では、上集落、下集落に分かれて、弔事があるとお見送りをする習慣があります。その連絡をするのも隣組の役目になっています。

※ また、お見送りに来てくれた人にキャラメルをあげる習慣がありました。しかし、葬儀方法の変化により、キャラメルをあげる方法も変わりつつあります。

(2) 勝手元

　隣組や近所の親戚にご不幸があると、葬儀が終了するまで旦那と一緒に奥さん（女の人）も集まって手伝う習慣がありました。男達は通夜、葬儀にまつわることの準備や実務、そして女達は勝手（台所）で男達の食事や休憩時間の賄い、挨拶に訪れた人達への接待や、その賄いものを作ったりしてくれました。

　母の葬儀の頃には、近所や親戚の女達が料理の一切のことをやってくれていた時代を少し通り越して、主な通夜の席の賄いものや、葬儀の日の本膳の賄い物を買いだしたり委託したりする習慣が始まっていました。

　そこで、通夜の席の賄いものや、葬儀の日の本膳の賄い物については、出来るだけ女の人達の手を煩わせないようにとの施主の意向に基づき、隣組や近所親戚と勝手の女の人達との打ち合わせは下記により決まりました。

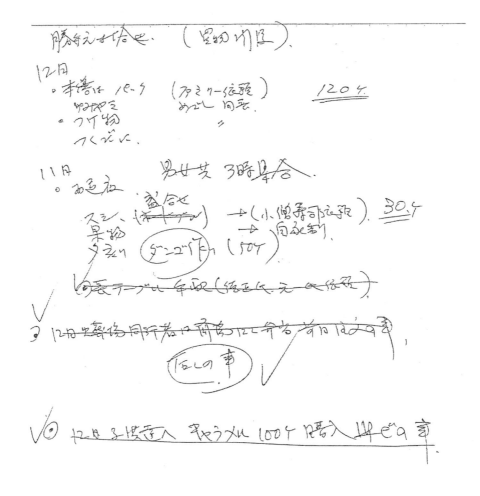

※ 祖母の時には、通夜のおしのぎも、葬式の後の本膳の賄いものも、集まってくれた女の人達が全部手作りで作ってくれました。
　材料も、それぞれの家にある野菜など、ご不幸の家になくてそれぞれの家にあるものは持ち寄ってくれました。それに米や、薪、茶碗や座布団などの賄いに使う材料や用具までも持ち寄ってくれました。
※ 母の葬儀の時には、まだまだ古い習慣が残っておりましたが、賄い物などを農協などに注文するような習慣が生まれ始めていました。
　そこで母の通夜には小僧寿しの盛り合わせを頼み、本膳の料理をファミリーフーズに頼みました。その時、料理とともに賄いの女の人が来ましたが、勝手に居た女の人達が一緒にやりましょうとのことで、みんなで一緒に本膳の賄いをしました。
※ ところが、おばの本膳の時には農協にお願いしましたが、料理とともに来た女の人が2人、勝手に居た10数人の女の人が協力を何回も申し出たのにも関わらず、汗を拭き拭き本膳の賄いをしながらも、仕事ですからと言って最後まで手伝いを拒否し続けました。
　ある面では、勝手元で手を吊るっている10数人の女の人がいるのに、汗を拭き拭き走り回りながら賄い仕事をする女の人も滑稽にうつりましたが。
※ それから、おばのその時の様子が、通夜や葬儀のときに近所・親戚の女の人達に協力してもらう習慣は要らなくなったのでは、との意見につながったようです。
　おばの葬儀の後の葬儀から、女の人の手伝いがなくなってゆきました。

(3) 通夜式と葬式

母の通夜式と葬式は次の日程で自宅にて行なわれました。

```
日程 1. 通夜              10月11日午後6時より
     2. 火葬場へ出棺の前読経  10月12日午前8時～
     3. 火葬場へ出棺         〃  午前8時45分
     4. 焼場読経            〃  午前9時20分～
     5. 帰宅               〃  午前11時30分
     6. 葬儀               〃  午後1時
     7. 出棺               〃  午後2時15分
     8. 寺まいり            〃  午後3時ごろ
     9. ねんぶつ講          〃  午後6時30分～7時ごろ
```

10月11日の午後6時より自宅において通夜がおこなわれ、10月12日の午後1時より自宅において葬式がおこなわれました。葬式では読経が終わった後に血縁の濃い人達によって下記により高張提灯を先頭に、位牌、霊棺を中心に墓場に供えられる品物などを持った葬列が組まれました。親戚代表として母の実兄である飯島良作伯父が挨拶をしてくれました。

　祖父の頃までは、常会場の庭で堂回りをして小銭を投げてから墓地へと向かいましたが、母の時には挨拶が終わると葬列は参列者に見送られて真っ直ぐに墓地へと向かいました。

葬列　(順序 及び 氏名).

1. 高張　　　　　　　　　　大豕総介　飯島伸夫
　　　　　　　　　　　　　 飯島竹雄　上春次
2. 四幡 (獅子旗)　　大豕入郎、大豕勝一、小狩芳雄、飯島源三
3. タイマツ　　　　　　　　田村耕治
4. 香炉　　　　　　　　　　島田実男
5. 燭台　　　　　　　　　　田村良江、島田敦子
6. 写真　　　　　　　　　　芹沼川智子
7. 霊供膳　　　　　　　　　大豕かづ子
8. 位牌　　　　　　　　　　大豕寒氏
9. 霊棺　　　　　　　　　　大豕紀目
10. 小天蓋　　　　　　　　　芹沼川　淳
11. ~~墓標~~ 蕨　　　　　　大豕やよい
12. 挨拶　　　　　　　　　　飯島良作

→司会者にメモ渡✓ (完)

　母の場合は火葬をして、一回忌までには墓場を直して新しい墓場に母の遺骨を納める計画を立てましたので、めど番の人には遺骨瓶を入れる蓋つきののバケツ（墓

場が出来て納めるまで、骨壺を安全に保管するため）が入る穴を掘ってバケツを入れてもらっていましたので、遺骨瓶をバケツの中に入れて蓋をして、みんなに．その中に土を入れてもらってめど番の人に埋めてもらいました。

　祖母の時までは土葬でしたので、めど番の人に棺の入るほどの大きな穴を掘ってもらって、めど番の手助けを借りて穴の中に入れました。そして、葬列に加わってきた人達が掘りあげられた土を少しづつ穴の中に入れて埋める仕草をしました。その後のことは、めど番の人が埋め戻してくれましたが、そのあとに「墓ならし」と言って葬式が終わったあと数人で、墓場に行って埋めた場所を整え供え物をそろえたりなどする習慣がありました。

　そして、墓参りが終わると寺参りと言って代表者数人で菩提寺に行き、本堂でお焼香をして住職の講和を聞いて帰る慣わしもありました。

　葬儀のすべてが終わり、葬儀の日の夜は、隣組の人がお寺から借りてきてくれた十三佛の掛け軸を床の間に飾り、床の間の前にしつらえられた祭壇に飾られた位牌の前に尾根の常会場の阿弥陀様の御座所に保管してある鐘を裏返しにして置き、念佛講が行なわれました。

　位牌の前にかわるがわるに行って先達として座り、祭壇の前の鐘を、金槌のようなたたき棒で音頭をとって、みんなで、次のような十三佛様の名前を呼ぶような念仏を唱えます。

「ナムアミダー　ナムアミダーブツ　ナムアミダー　フドウシャカモンジュ　フーゲンジゾウ　シーロク　ヤークシ　カンノン　セーシ　アーミダ　アーシク　ダイニチ　コクゾー　ナムジュー　サンブツ　ナムアミダー」（南無阿弥陀　南無阿弥陀仏　南無阿弥陀　南無十三仏　南無阿弥陀　不動　釈迦　文殊　普賢　地蔵　弥勒　薬師　観音　勢至　阿弥陀　阿閦　大日　虚空蔵）

　この念仏が始まる前に、シキミの枝を入れた深皿に水を入れて祭壇に飾っておきます。そして、念仏が始まると念仏講に参加した人達がかわるがわる深皿の水を縁側から外に捨てて、縁側の外の桶に汲んであった水をその深皿に柄杓で注ぎ祭壇に供えます。これは、念仏を唱えている間じゅう参加者が全員で順番に絶え間なく行ないました。深皿に水の入れ替えが順調に行なわれないと死者がのどを乾かしてかわいそうなのだそうです。

　しかし、私の知る限りにおいても、通夜式も葬式自体も大きく変わりました。

通夜式は、今でこそ葬式よりも参列者が多くなり葬式の本流となったような気がしますが、通夜とは本来葬式の前夜、棺のそばで終夜死者を守ることだそうです。ですから祖母の頃までの通夜式は、近所の人と濃い血縁の親戚の人たちが集まって静かに死者を偲ぶ行事でした。近親者の者が死を悲しみ、死者の傍で別れを惜しむ行事であったような気がします。

母の葬式（平成5年10月）の頃になると、昼間の仕事の時間を避けて通夜式へ参列する人が多くなってきました。それでも母の葬儀の時には、葬式への参列者が主体で、庭から前の道路から下の家の方まで参列者がいっぱい集まってくれて盛大な葬式となりました。

そして、古の昔から葬式の大役とされてきためど番（穴番）の制度も、火葬して骨壺を納棺する方式での墓場の普及で必要がなくなり、安藤幸男（上郭）さんが区長であった時に部落の話し合いが行なわれ、平成15年（2003）3月16日をもって廃止されました。

また、葬儀方法の変化により、葬式の夜に行なわれていた念佛講も、志づおばの葬儀のときに行なわれた念佛講が分かれめであったように思われます。

今では、やったと言う話を聞くことが出来なくなりました。

右は安藤区長が作成した
冥土番廃止の回覧です。

(4) 葬儀の協力とお礼

　近所や親戚でご不幸があると、それぞれの家にある食材や葬儀に必要なものを持ち寄り、男の人達は葬儀の準備や挙行にたずさわって、女の人達は勝手に集い、葬儀が終わるまで来客の接待やら通夜や葬儀の賄をしてくれる習慣がありました。

　それは、ある面では葬儀を通して近所の絆、親戚の絆を確かめ合ったり、人と人との結びつきを強めていたのかも知れません。

　私の母の葬儀の時も、住職さんの都合で10月9日から12日までの4日間もの長丁場となってしまいましたが、次のように近所や親戚の人には毎日協力を頂きました。

装備準備等		勝手元			
大塚元一	9日より4日間	大塚利子　元一妻		9日より4日間	隣組・親戚
安藤光男	9日より4日間	安藤君代　光男妻		9日より4日間	隣組
飯島徳正	9日より4日間	飯島正江　徳正娘		9日より4日間	隣組
関根美紀	9日より3日間	飯島信子（美紀の義母）と妻		9日より4日間	近所親戚
		飯島正子　建司の母		9日より4日間	近所親戚
大塚康永	9日より4日間	大塚順子　富雄妻		9日より4日間	近所親戚
大塚皓介	9日より4日間	大塚清子　皓介妻		9日より4日間	近所親戚
大塚貴史	9日より4日間	大塚はる（貴史の母）と妻		9日より4日間	近所親戚
飯島良作	9日より4日間	飯島利江　一郎妻		9日より4日間	近所親戚
飯島伸夫	9日より4日間	飯島幸子　伸夫妻		9日より4日間	近所親戚
武井 康	9日より4日間	武井みつ　康妻		9日より4日間	近所親戚
大塚右吉	9日より4日間				近所親戚
大塚忠治	9日より4日間				近所親戚

　そして、葬儀のための食物や用具など、自分の家にあるものをみんなが持ち寄ってくれて準備をしてくれました。

そこで、借り物やもらい物のお礼、それに特別に葬儀に携わってくれた人達へのお礼や清メも考え、頂いた物や量などや相手のことなどによって、お礼としての方法も考えて感謝の意をそれぞれに示しました。めど番（穴番）のお礼は、慣例に従い 10,000 円としました。

〇借り物やもらい物をした人　　　　　　　　　　　　お礼の内容
　　大塚元一　テーブル 3、猪口、徳利、ピーマン、キャベツ　　寸志
　　安藤光男　塩
　　飯島徳正　テーブル 5　　　　　　　　　　　　　　寸志
　　飯島信子　ネギ　　　　　　　　　　　　　　　　　寸志
　　関根美紀　ほうれん草　　　　　　　　　　　　　　くだもの
　　大塚皓介　こんにゃく、布団　　　　　　　　　　　寸志
　　飯島良作　お膳、茶碗、灰皿、桶　　　　　　　　　ビール等
　　飯島伸夫　インゲン、きゅうり　　　　　　　　　　くだもの
　　大塚右吉　なわ
〇葬儀に特別の協力をしてくれた人
　　大塚元一　お寺の使い　　　　　　　　　　　　　　清メ
　　飯島徳正　お寺の使い　　　　　　　　　　　　　　清メ
　　高荷康弘　めど番　　　　　　　　　　　　　　　　清メ 10,000 円
　　飯島勝見　めど番　　　　　　　　　　　　　　　　清メ 10,000 円
　　武井　康　斎場行き車　　　　　　　　　　　　　　清メ
　　斎　　場　斎場行き車 2 人　　　　　　　　　　　 清メ
　　斎　　場　かま番 2 人　　　　　　　　　　　　　 清メ
　　勝手元　　11 人　　　　　　　　　　　　　　　　 寸志

　母の葬儀の時には、葬儀のために用意するものは農業協同組合にお願いするのが一般的になっていましたが、近所や親戚の互助関係はまだまだ昔のやり方を残していました。女の人達が葬式に協力してくれることも従来の形態を引き継いでいました。

(5) 勝手元の経費

　葬儀の勝手元との打ち合わせにより、葬儀が終るまでの料理の材料が勝手元の要望にそって、近所、親戚などの所から頂いた材料で足りないものを男衆が買いそろえました。通夜の賄い、葬式本膳の賄い、斎場の賄いも含んでいますが、勝手元の経費は領収書に内容が記されていないものもありますが、それは予想することとして次のとおりでした。

10/9		7,385 円	つくしや
10/10	コロッケ、ソース	5,160 円	根岸肉屋
10/10	くだもの	11,135 円	魚秀
10/10	バナナ、メザシ	5,200 円	つくしや
10/10		10,086 円	魚文
10/11	キャンデー	2,054 円	魚文
10/11	エプロンなど	12,257 円	しまむら
10/11	〃	8,652 円	奥野
10/11	寿司	49,500 円	小僧寿し
10/11	豆腐	87 円	魚文
10/11	キャラメル	2,678 円	
10/11	キャラメル	1,859 円	ヤオコー
10/12		3,400 円	サンズ嵐山
10/12	料理	86,520 円	ファミリーフーズ
10/13	タバコ	17,600 円	岡島屋
10/13	酒、ジュース代（10/11 と 10/12 分）	67,000 円	荻山商店
10/12	斎場賄い	32,798 円	斎場
10/12		1,194 円	すずき
10/12		1,530 円	ヤオコー
10/12		6,255 円	つくしや

計 332,350 円

※　葬儀の準備の勝手元の賄いのメニューは、季節の野菜などの農産物をベースにしたものだったように思われます。葬儀での料理で思い出すのが一番に白あえです。味噌と豆腐をすり混ぜて、こんにゃくとにんじんやほうれん草などの季節の野菜をあえた料理です。そして胡麻和え、芋の煮っころがし、てんぷらなど、季節の野菜を利用した料理でした。メザシも定番でした。豆腐もおつけの具にネギなどといっしょに入れるのが定番でした。何時からか、コロッケも定番に加わったようです。
※　接待用、お茶休み用として、果物や茶菓子（キャンデー）も用意されました。
※　しまむらや奥野商店からは、勝手でお世話になる女の人達のためにエプロンなどの作業着も仕度しました。
※　協力してくれる男達には、タバコをあげました。まだ禁煙が強く叫ばれていない時代には、これも習慣のようになっていました。
※　近所の人達が、お見送りに来てくれるので、お見送りに来てくれた人にあげるために、キャラメルを用意することも地域の慣わしになっていました。

(6)　ゆずり

　葬儀が終わり一段落すると亡くなった人の持ち物を整理して、縁者やお世話になった人に分けてあげる形見分け（かたみ）の習慣がありました。これを［ゆずり］とも「ひきゆずり」とも言います。

　「ゆずり」の対象は、大事にしていた着物や小間物などが中心で女の人の持ち物が中心でした。亡者の思い出としての意味合いもありますが、それよりもまして貴重な品物を大事に次の時代に引継ぎ、大事に使い回しする知恵だったと思います。

　祖祖母から祖母に引き継がれ、祖母から母へと引き継がれた着物などの話も、子供の頃には良く聞いたものです。

　今でも「ゆずり」と言う話はありますが、生活も習慣も好みも多様化し、生活も物資も裕福になって、何でもかんでも直ぐに手に入る時代となりました。昔のようなゆずりの感覚が、ゆずる方にもゆずられる方にもなくなったように思われます。

　「ゆずり」の感覚が鮮明にあったのは祖父のころまでで、祖母の頃には物が豊富となって薄れつつあり、母の時には物でのゆずりは誰も欲さない時代となっていました。

　「ゆずり」の精神は、日本人の「もったいない」からきていると思いますが、100円ショップで生活用品がほとんど全部そろう時代を迎えて、日本人の「もったいない」の心も薄れてきたのかも知れません。

(7) いずれにしても

　人には、108の身体や心を惑わす煩悩(ぼんのう)があると言われます。生きて俗界に身をゆだねる人達が108の煩悩を除去して良き新年を迎えられるように、大晦日の夜から元旦にお寺で除夜の鐘を撞きます。

　人間が死んだ時の葬儀は、その人の霊が108の煩悩から解放される儀式なのかも知れません。

　長く変らずに行なわれてきた死者の霊を弔い成仏できますようにとの葬儀も、近所、親戚での行ない事の行事から商いと言うお金でのレールの上に乗り移って、ここ数年で驚くほどに大きく変わりました。これも、生者の煩悩の仕業なのかも知れませんが、なんとなく深いさびしさも感じます。

　いずれにしても、最低108の煩悩をもつ人の仕業のなすことは不可解な事ばかりで、常識で生きようとしても、常識が何処にあるのか悩むことになります。

　そして、生者に煩悩が宿す限り、葬儀も果てしなく変り続けるのかも知れません。

　そこで、今回の「私のよもやま話」は、人間の108つの煩悩に敬意を表して、また、人々の避けて通れない死のことをまとめた葬儀を締めくくりとして108の話題で終ることにしました。

追加

　私の家はまあまあの農家だったそうですが、いろいろな出費が過ぎて明治12年（1879）頃に家屋も含めてすべてを売り払いゼロの農家になってしまったとのことです。私の祖父「栄一」は、そんな家を何とか元通りにしたいと苦労していた曾祖父藤左衛門の長男として明治30年（1897）11月3日に生まれましたので、子供の頃から農家の労働力でした。ですから、祖父は6年間の義務教育が終ると家の手伝いをするように曾祖父から望まれていたのだそうですが、小学校の成績が1番であったので学校の先生が将来のことを考えて是非に高等科に進学させて欲しいと何回も談判に来たそうです。そこで、初めは進学させる余裕がないと断り続けた曾祖父も折れて高等科に行くことになったとの話を私の父から何回も聞きました。

　嵐山町博物誌歴史部会の発行した「地元学講座瓦版」に記載された明治44年（1911）高等科2年生の時でも、田植え時期、養蚕、稲刈りの時期には毎日のように学校を休んで家の手伝いをしてまでも、21人中2番という成績には驚きまし

た。
　そして、その曾祖父が高等小学校2年生の時の夏休みの宿題であった「休暇日記」の内容が、とても興味あるものなので当時の史料として次のページに掲載しました。
　また昭和32年（1957）の父の日記も、その頃の農家の生活を知るうえでとても興味を感じたのでのせました。
　ですからこの本は、祖父、父、私と3代による合作となりました。

特別寄稿

祖父の休暇日誌
父の最期の記録
父の日記(昭和32年)

祖父の休暇日誌（夏休みの）

　明治44年、私の祖父の栄一は、八和田尋常高等小学校高等科2年生（今の中学2年生）でした。その祖父の通信簿と夏休みの休暇日誌を嵐山町博物誌歴史部会発行の「地元学講座瓦版」に載せてくれました。
　毎日毎日、家の手伝いに明け暮れる中学2年生の日誌です。その内容は、昭和30年代頃までの農家の生活と通じるところもありますが、今まで知り得なかった、その頃の生活の香りと営みをたくさん垣間見ることができました。
　そこで、その休暇日誌を100年の時を経て紐解き、そのころの様相を物語る祖父の特別寄稿として「よもやま話」の中に書き加えさせていただきました。
照れ笑いを浮かべながらも、きっと祖父も喜んでくれていると思いながら。

※次が休暇日誌の全文です。
◎八月一日（火曜日）半晴　　起床四時三十分／就寝九時
　朝、草刈りにいって、一かごかって来て、朝飯をたべ、それから、桑原へ草けづりにいった。今日は、半晴でも非常に暑い。しかし、吹く風は涼しい。あせをふきふき、昼ごろまで草をけずっていると、ぼーんぼーんと昼のかねがなるから、昼にあがって来た。そして、昼飯をたべ、暑いから、しばらくやすんでいて、又、桑原へいった。そして、しばらくけずると、父が七夕だから家に行ってかいばの少しもきってあそべといったから、家にいそいで来て、かいばをきって遊んだ。七夕だから、たいそう子供も遊んでいる。涼しくなったと思ふと、もう太陽は西山にかくれてしまった。
◎八月二日（水曜日）曇　　起床五時／就寝九時
　朝草刈りにいって一かごかって来て朝飯をたべ、それから桑原へ草けづりにいった。今日は、曇っていても、むすように暑い。けれどもきのふにくらべると、よほど暑くない。一生懸命に昼ごろまでけづると、昼のかねがなるから、昼にあがって来た。そして、昼飯を食べ、しばらく休んで、また、桑原へいった。しばらくけづると、父はもう家へいって、草の一かごもかってこいといったから、いそいで家にいき、かまと、砥石をもち、かごをせをって山に行き、一かご草をかっ

て家に来た。すると、太陽は西山にかくれてしまった。

◎八月三日（木曜日）雨　　起床五時／就寝八時

　　朝草刈りにいって、一籠かって来て朝飯をたべ、また、きのふのやうに桑原へ草けづりに行った。しばらくけづると雨がぽつぽつと降ってきた。しかし、たんとも降るまいと思ってけづってゐると、だんだん多く降って来たから家に来た。少したつと昼になったから昼飯をたべ、少し昼休みをして、なはないを少しすると雨はやんだ。すると父は田草とりに行かうといったから、したくをして、田草取りに行った。そして、田草をとってゐると、雨がまた降って来た。大降りもしないで、よいといって取ってゐると夕方になったから、家にかへって来た。

◎八月四日（金曜日）雨　　起床五時／就寝九時

　　朝起きて見たら、雨が降っていたので、内の者がぬれるから草刈りには、いがないでなにか、ほかの仕事をしろといったから、かいばを切り、朝食をたべ、わらをうってなはないをした。昼までなって、昼飯をたべ、昼休みを少しして、また、また少しなって、なはないはしまい、臼ひきをしばらくして、桑原へ桑つみにいった。そして一ざあるつんで家に来た。少したつと日はくれてしまった。

◎八月五日（土曜日）晴　　起床五時／就寝九時

　　昨夜は大雨であつたが、朝起きて、見たところが、よく晴れてゐた。戸は雨がふっかけで非常にぬれてゐた。それから草刈りにいって、一籠かって来て朝飯をたべ、父と田草取りにいって昼頃まで取って、暑いから昼に早くあがって来た。そして昼飯をたべ、しばらく昼休みをして、また、田草取りに行った。ところが、非常に暑い。あせをふきふきとっていると、だんだん涼しくなって、あせもでないやうになったと思ふと、太陽は西山にかくれてしまったから、田草取りをしまって、家に帰へって来た。

◎八月六日（日曜日）半晴　　起床五時／就寝九時

　　朝草刈りに行って、一籠かって来て朝飯をたべ、父と田草取りのえい返しに親類へ行った。今日は半晴で、風も吹いて涼しく、四、五人で一生懸命に取ってると、昼のかねがぼうんぼうんとなるから、もう昼だといってあがって来た。そして、昼飯をたべ、今日は涼しいからといって、少し昼休みをして、また、田草取りに行って、夕方まで取って家へ、かへって来た。

◎**八月七日**（月曜日）半晴　　起床四時半／就寝九時
　朝草刈りにいって、一籠かって来て、朝飯をたべ、父と田草取りに行った。今日は半晴で暑くないのに風がすふすふと吹いて涼しい。一生懸命に取ってると昼のかねがなるから、昼にあがって来て、昼飯をたべ、昼休みを少しして、また田草取りに行った。そして、夕方まで取って家へかへって来た。

◎**八月八日**（火曜日）半晴　　起床五時／就寝九時
　朝草刈りに行って、一籠かって来て、朝飯をたべ、また、きのふのように父と田草取りに行った。朝は、非常に暑くなりそうだつたが、雲が出た。しかし、むら雲で太陽はかくれたり出たりして、そよ吹く風は涼しい。取っていると、やがて昼になったので、家に来た。そして、昼飯を食し、昼休みをして、また、田草取りにいって、夕方まで一生懸命にとって、家にかへって来た。

◎**八月九日**（水曜日）雨　　起床五時／就寝八時
　朝起きてみたら雨がふってゐたから、草刈りには行かないでかいば切りをして、朝飯を食し、今日取れば、田草取りもおへるのだから、田草取りに行った。田に行きつくと雨が非常に降って来たから、木下にやめてゐたが、ほそびきをさげるように降ってゐて、なかなかやまぬ。しばらくやめてゐたら、大へん小降になったから、少し取らうといつて、田へいって見ればたいそう水はふいてゐたから、みなくちをきって、取りはじめて、少し取るとまた、雨はほそびきをさげるやうに降って来たから、これは取れないと云って、家に来た。来ても雨は降ってゐた。着物はすっかり上から下までぬれたから、すぐ着がへ、わらをしみして、なはないを始めた。少しなうと昼になったから、昼飯を食し、なはないをまたしてゐると、雨は小降になったから、草刈りに行って一籠かって来た。今日は、近頃にない大降雨であった。

◎**八月十日**（木曜日）晴　　起床五時／就寝十時
　朝草刈りにいって、一籠かって来て、朝飯を食し、また草を一籠かって来て、父と肥とりをした。そして、馬を川へひいて行った。水をかひかけては、よく洗ってくれたらば、非常にせいせいしたやうだ。すぐひきて来て馬屋にひきこんでまぐさをくれた。すると昼になったから、昼飯を食し少し昼休みをして、桑原に行って、桑を一ざあるつんできた。それから父と田草取りに行って、夕方まで取って家にかへって来た。

◎八月十一日（金曜日）晴　　起床五時／就寝九時
　朝草刈りにいって、一籠かって来て、朝飯をたべ、今日は十一日で学校へ行く日だと云って、したくをして学校へ行った。ところが、なにやら十日間も友達とあはないからはづかしいやうな心地がした。しかし、友だちの所に行って、あいさつをした。そして、いろいろな話をしてゐると、れいがなって、はじまったから、ろうかにならんだ。そしてこうだうにみんな行って、先生の話をいろいろ聞いて、教室に来て、字別にて掃除をして、家へかへって来た。そして昼飯をたべ、昼休みをして、父と田草取りに行った。そして、夕方まで、一生懸命に取って、漸く三番ごをおへた。

◎八月十二日（土曜日）半晴　　起床五時／就寝九時
　朝草刈りにいって、一籠かって来て、朝飯をたべ、父と畑の草むしりに行った。遠い所の大きくもない畑だが、草がたいへんはいてゐたから、づいぶん手間がかかった。むしりきってからとろのさくをきって、草を一籠かって、家に来た。すると昼になったから、昼をたべ、昼休みをして、甘藷畑の草をむしったり、つるをかいたりしてゐると夕立が出て、すっかり曇ってしまったから、雨が今にもふってくるかと思ってゐたら夕立も雨もふらないでよかった。

◎八月十三日（日曜日）半晴　　起床四時半／就寝九時半
　朝起きてみたら、霧雨がふってゐた。熊谷に行かうと思ってゐたが、雨がふっていたので、父は、あすにでも行かうと云ったから、草刈りに行って一籠かってきて朝飯を食べてゐると、雨はやんで明るくなって、天気になりそうだから、これでは行こうと（父が）いったから、車に油をくれて、まきとゑだをつけて、午前八時頃、家を出発した。塩の八幡坂ではづいぶんあせもでたが、下る坂はらくだった。それから小江川、原を通り、大坂にいたりしが、こっちからでは大坂も下りなので苦もなく通り越し、万吉を通り、村岡のどて下の川に行くと、この間の大水で橋のてまいをおっこぬいて車をひいてはとうれぬから、みなまきやゑだをおろして、車をになって、あぶないやうな本橋を通り、またづけてゐった。おっこぬいた所はとろこ「トロッコ」で土をはこんで、うめてゐる。それから、荒川大橋を渡った。橋の上はそよそよ吹く風が涼しい。いよいよ町に近づいたから、いそいで町につき、まきやゑだをうって、ぼん買物をして昼飯を食べ、やく午後一時頃、熊谷町を出発し、家をさしていそぎ、十三日むかいぼんだから暑さを我

慢しながらいそいで家にきた。そして、ぼんだなを立てる手伝ひをした。すこしたつと日がかくれてくらくなったから、弟と、むかいぼんに行った。すると方々で、ちょうちんをつけて来るものもあってたいそうきれいだった。

◎八月十四日（月曜日）晴　　起床五時／就寝十一時
　朝草刈りに行って一かごかって来て、朝飯を食し、寺へせんことぼん花とかはりものをもって行った。そして、ぼんだから、きれいに掃除をして、また、草を一籠かってきた。少したつと昼になったから、昼飯をたべ、しばらく遊んでゐると涼しくなったから、桑原へ父と桑つみに行った。そして、二ざあるつんで家に来た。

◎八月十五日（火曜日）半晴　　起床五時／
　朝草かりに行って一籠かって来て、朝飯を食べ、父のかはりに、寺のせがきに行って、しょうこをした。づいぶん早い組であった。それから、となりの家でもあらぼんだからしょうこをしてこいと云はれたから、まってゐたけれども、やういにきない。やうやく十一時頃、となりの家でも来て、しょうこをして一緒にかへった。家に来た。そして昼飯をたべ、今日は、非常にむし暑いと云って休んでゐると、雨がたいそうふってきた。一せい夕立雨のやうに降ってやんだらたいそう涼しくなった。それから、桑を一せいつんで遊んだ。

◎八月十六日（水曜日）半晴
　朝起きてみたら、風が吹いてゐた。火をたきつけて、むしていると、霧雨がふってきたったがやんでしまったから、草刈りに行かうと思ってゐると、またふってきた。そして、大降になった。風が非常に強く吹くので、戸へ雨がふっかける。草刈りには行けないから、かいばきりをして、朝飯を食べてゐると雨はやんだから、草刈りに行って一籠かってきた。そして、桑原へ、桑つみに行った。しかし、風は強く吹いてゐるので、方々の森や山はごうごう鳴ってゐる。一生懸命につんで、昼よりしばらく遊んで、送りぼんをした。そして、家にきたら、母が腹が痛い（妹が）と云うから、うぶってやった。今年で三つになるのだが、もう長く病気なので、いしゃさまにかけて少しはよかったが、十三日から非常にわるくって、なにもくいなくってゐたが、今日はなほわるくなって、水もそんなにのまぬやうになったから、ぼんでも遊びへ行くづらはない。一生懸命である。内の者はとても、今夜中はもつまいと云った。

◎八月十七日（木曜日）晴
　朝草かりに行って一籠かって来て、朝飯を食べ、桑つみを昼までして、昼飯をたべ、非常に暑いから昼休みをしばらくして、桑原の草むしりをした。夕べ中もつまいと思った幼い子も、今日の夕方まで、もってゐて、とうとう死んでしまった。みな家のものは、ちからをおとした。しかし、しかたがない。父はいしゃさまに行って丁度薬をもらって来て、のまして少したった時であった。すぐさま、近くの親類にさたをした。すると、おぢさんやおばさん、組合の者などがきて、いろいろ、なぐさみのぢんぎを云ふ。そして、遅くまでいろいろ話してゐたので、ねた時は十二時頃であった。

◎八月十八日（金曜日）曇
　朝、前のどての草をかった。そして、朝飯を食べ、桑つみに行った。そしてつんできた。今日は夕べ死んだ幼い子をいけるので、親類の者や、組合の者がきてゐた。かいばぎりをした。そして、見送りをして、昼飯をたべた。そして、しばらくなにもしずにゐて草をかってきた。そして、夕方うす暗くなってから夕火燈（誘蛾灯）をつけに行った。すると、方々でつけに行ったのでだんだんついて、広地「耕地」中へついた。すると、非常にきれいである。しかし風が強いので、けいそうになる。涼みながら、この景色を見るのは、じつによかった。

◎八月十九日（土曜日）曇
　朝草刈りに行って一籠かって来た。そして、朝飯をたべ、また、草刈りをした。そして、二、三かごかったら昼になったから昼飯を食し、また、一籠かってきた。そして、父と肥とりをした。丁度肥が取りきれたら雨がふってきたから、足を洗って上った。そして、父と蚕のたなをかきつけた。

◎八月二十日〔日曜日〕半晴
　朝草刈りに行って一籠かってきた。そして、朝飯をたべ、桑つみをした。蚕が大きくなったから、いそがしい。一生懸命に昼までつんだ。そして、昼飯を食し、また、桑つみをしばらくして、草を一籠かって来た。

◎八月二十一日（月曜日）半晴
　朝起きてみたら雨がふってゐた。母が蚕に桑をくれるので、飯たきをした。そして、朝飯をたべた。今日は学校に行くのだからしたくをしやうと思ったら、今日は、蚕やいろいろでいそがしいから欠席しろと云ったから、いやだが、しかた

なし欠席した。そして、草を一籠かって来た。そして、蚕のむしろ洗ひをし、桑つみをした。すると昼になったから昼飯をたべた。じがらで父が麦をつくので、かっこみてをしたり、父にかはってついたりした。そして二臼ばかりついて、また、桑つみをした。そして、夕方うす暗くなってから、夕火燈（誘蛾灯）をつけに行った。

◎八月二十二日〔火曜日〕半晴
　朝草刈りに行って一籠かって来た。そして、朝飯をたべ、桑つみを昼までして昼飯を食し、少しやすんで、おかぶ畑の草むしりをして、また、桑つみを夕方までした。そして、うす暗くなったから、夕火燈（誘蛾灯）をつけに行った。方々でつけに行く。だんだんついてくる。しまいに広地（耕地）中についた時は、非常にきれいであった。

◎八月二十三日〔水曜日〕曇
　朝草刈りに行って一籠かって来た。そして、朝飯をたべ、おかぶ畑の草むしりをした。今日は曇ってゐても、非常に暑い。あせをふきふき昼頃までむしって、家にきた。すると昼になったから、昼飯を食し、昼休み仕事に、ろそうをもいだ。そして涼しくなったから、てんじょうをもいだ。夕方になって暗くなったから夕火燈（誘蛾灯）をつけに行った。夕べは非常にがが死んだ。ほうろくの上がまっ白であつた。

◎八月二十四日〔木曜日〕雨
　朝草刈りに行って一籠かって来た。そして、朝飯を食べ、桑原へ桑つみに行った。すると、雨がふってきたったが、いくらもふらないでよかった。一生懸命つんでゐるとたびたび雨がふってくるが、たんともふらないでやむ。桑のつゆがかわいたと思うとふってくるがいくらもふらないでやむ。しかし桑には、つゆができて、つんですぐ蚕にくれられない。そのうちに、昼になったから、あがってきて昼飯をたべ、昼休みをして、おかぶの雀よけをこしらへて、また、桑つみをした。そして、夕方、うす暗くなってから夕火燈（誘蛾灯）をつけに行った。今夜もづいぶんついて、非常にきれいである。

◎八月二十五日〔金曜日〕曇
　朝草刈りに行って一籠かってきた。そして、朝飯を食し、この間むしったおかぶ畑の草をせをって来た。そして、蚕のうら取りを母としたり、桑をくれたりし

た。そして、ろそうをもいだ。すると昼になったから昼飯を食し、ひとへ物（単衣）のせんたくをした。それから菜をまく所をほり、馬を川へ洗いにひいて行った。せきがはってあるので、水がたくさんあったから、よくあらひた。馬はせいせいしたやうだ。そして、ひいてきて、馬屋にひきこんで、まぐさをくれ、桑つみをした。

◎八月二十六日〔土曜日〕半晴

　朝草刈りに行って一籠かってきた。そして、朝飯を食べ．桑つみをしたり、うらとりをしたりした。今日は先口、八月三日のはきたての蚕が上族するので、ひきりをひろった。そして、また、桑つみをした。すると昼になったから、昼飯をたべた。今日もづいぶん暑い。昼休みにまた、ひきりをひろった。そして、よほど涼しくなってから、父とゆりほりを少しして、また、桑つみをした。

◎八月二十七日〔日曜日〕半晴

　今日は、後口の八月四日のはきたての蚕が上族するのでいそがしく、朝草刈りには行かないで、飯たきをしたり、かいばをしたりして、朝飯を食し、桑つみをした。そして、ひきりをひろって昼飯を食した。今日もづいぶん暑い。昼休みに一番先に上がった。まぶしをおろして、少しまゆをかいて見たがづいぶんよくつくった。まゆもよい。すると風もでて、少しは涼しくなったから、父とゆりほりをした。ゆりも、ずいぶん大きいのがついた。

◎八月二十八日〔月曜日〕半晴

　朝草刈りに行って一籠かって来た。そして、朝飯をたべ、ゆりほりをした。ずいぶんゆりの大きいのがついた。今日もずいぶん暑いが、そよそよ吹く風は涼しい。一生懸命に昼までほった。そして昼飯をたべ、昼休みを少ししてまた、ほりへ出た。づいぶん暑いのであせが、玉になってたれるから、ふきふきほってゐると、だんだん雲がでてきて、すっかり曇った。風もでて、づいぶん涼しくなってきたから、桑つみをした。風穴（蚕種の商品名）は上族してしまったが、まだ、二度休んでいる蚕があるから、これがまたいそがしい。

◎八月二十九日〔火曜日〕曇

　朝草刈りに行って一籠かってきた。そして、朝飯をたべ、ゆりほりをした。今日は雲ってゐて、雨がふりそうだが、ふらないでよい。昼前早くゆりはほりきれたから、足を洗って上がった。そして、繭かきを少しした。すると、昼になった

から昼飯をたべ、また、繭かきをした。そして、夕方かいばきりをしたり、水くみをしたりした。

◎八月三十日〔水曜日〕雨

　朝草刈りに行って一籠かってきた。そして、朝飯をたべ繭かきをした。よく、つくった。づいぶんよいまゆである。昼までかいたら、かききれた。父がかけて見たら、よいまゆが、三貫五百匁ばかりとれた。そして、総計四貫五百匁ばかりとれた。すると昼になったから昼飯を食し、桑つみをしばらくして、大根まきの手伝いをして、また、桑つみに行った。すると雲が出て来た。丁度夕立雲のやうな雲がすっかりおおっていまにも雨がふってきそうになった。すこしたつと、少しふってきたが、かまはずつんでゐたところが、だんだん多くふってきたから家に来た。そして、かいばきりをした。そして夕方でうす暗くなったころから、雨は非常に大降となってやまずにふってゐる。

◎八月三十一日〔木曜日〕半晴

　朝草刈りに行って一籠かってきた。そして、朝飯をたべた。夕べはずいぶん雨がふったが、よく天気になった。きのふは、いくらも桑がつめなかったので、すぐに桑つみをした。今日、三度やすませるといって、家の者は、一生懸命だから、桑も一生懸命、昼までつんだ。そして、昼飯をたべた。手がないので、ゆりほりをしてゐたので、まだ大根をまく所をほらないから、父とほりにいった。そして、ほってをいて、もう少しはおそいが明日まこうと父が云った。しばらくほったらば、やうやくほりきれたから家にきた。そして、桑つみをりん？とした。そして、かいばきりをしたり、水をくんだりした。もう一月たってしまった。明日は九月一日、学校へ行き始めるので、なかなかやうがある。

地元学講座瓦版

第15号　嵐山町博物誌地元学講座瓦版　2007年10月1日

編集
嵐山町博物誌
歴史部会
☎0493-62-0724
〒355-0214
比企郡嵐山町
杉山1030-1

高等小学校第二学年の通信箋と休暇日誌（明治四十四年八月）

1911年（明治44）8月の日記がありました。筆者は大塚正市さんの父・栄一さんです。七郷小学校（栗原慶次郎校長）の高等科2学年（担任板倉禎吉先生）の学年長（級長）でした。当時小学校は、尋常科6年生までが義務教育で、高等科2年は、現在の中学2年にあたります。

1909年（明治42）～11年（明治44）は七郷小学校の歴史の上で画期的な時期です。年表にすると、

1909年（明治42）
1903年（明治36）からの小学校統合問題が決着する。

4月、第一七郷尋常小学校と第二七郷尋常小学校が合併し七郷尋常小学校が誕生。

1910年（明治43）
11月、現在の七郷小学校の校地（吉田一九二三番地）に校舎新築。12月、高等科（二年制）が併置され七郷尋常高等小学校となる。

1911年（明治44）
4月23日、開校式をあげ、この日を開校記念日とする。

1913年（大正2）
板倉禎吉編『郷土研究』が県より表彰を受ける。1910年4月、栄一さんは、隣村の八和田小学校高等科に進学、一学期は在学し、母校に高等科が設置されると転校したようです。

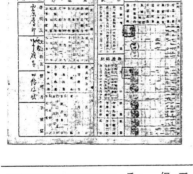

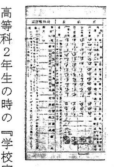

高等科2年生の時の『学校家庭通信箋』（通知票）が残されています。成績表をみると全教科甲、21人中2番、優秀です。出席表では欠席の多さが目立ちます。授業総日数260日中、欠席48日、6月は26日、9月は7日、11月は9日と田植え・刈り入れ、養蚕等で忙しい農繁期に集中しています。病欠は年間で1日だけで、農家の手伝いで学校を欠席していることがわかります。

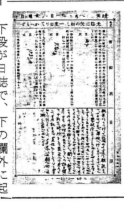

『休暇日誌』は、8月1日～31日の夏季休業中の毎日の学習帳です。8月11日の頁を例として紹介しましょう。上段は格言欄で「光陰は矢の如し一度さりてかへらず」。中段も日替わりで、修身科、算術科、国語科、理科、図画科、歴史科、地理科の課題です。この日は算術科の文章題で、「一秒間に三百メートルの割合にて飛行する弾丸は二十町を何秒間に通過するか。但しーメートルは三尺三寸」。「地方幼年学校の入試問題である」と注記されています。

下段が日誌で、下の欄外に起床、就寝時刻を記入します。日

父の最期の記録

平成25年1月14日（月） 朝より夕方まで雪降る、夜になったら雨に変わる。

　昨日来父は運出の周期だったのでしり汚染気味、しかし朝からの降雪寒く聡子も来ないので、風呂に入れるのがちょっと億劫であったが、けい子の明日ショートステイだからの強いプッシュの声に後押しされて入れる。風呂場の入口から運を重ねながらの風呂入りであったが、体中を洗い上げて、本人は気持ちがよいと大満足であった。

　その後の夕食は、元気溌剌、心配するほど旺盛に食べた。昨夏は食が細くなって心配したが涼しくなった秋ごろから食欲まして安心させてきた。

平成25年1月15日（火） 晴れ。

　朝7時頃、けい子が朝食の用意が出来たと言うので、父を起こそうとして布団をめくり、濡れた上掛けを洗濯機のそばに放り、いつものように良く眠っているので、起きるように声をかけながら父の手を引っ張っておこそうとしたが起きる反応ない。変な思いにふと駆られ、顔を覗きこむと目を瞑って何時ものように眠いから起きたくないと言いたげに初めは思えたが良く見ると、口を半開きにして口の中に白い泡がたまっているような感じで、顔もこわばっているように見えた。

　なんとも言えない『死んだのでは』との思いと、死んだのではと確信めいた思いになり、けい子に死んでしまったようだと告げると、けい子が泣き出してしまった。再度見て死を確認する。

　すぐに弟妹に連絡して来てもらった。紀司夫妻はタクシーで来て、良江はなかなか連絡つかず、連絡がついて話したら、雪がひどいのですぐには出られないとのこと。

　知らぬ間の死亡は検視が入らないと死亡診断書が出ないとのことなので、どうしたらいいかと思案したが、智子の義母のときに救急車を呼んで救急車から警察との話を聞き、けい子が消防署に電話する。やがて救急車来家、死んでいるので救急車では処置なしとのこと。警察を呼んで検視とのこと。裏の利子さんと一郎さんが来てくれたが、検視の後に改めて連絡すると話す。

　警察来て検視、おまわりさんが私とけい子に今朝の状況、病気の状況、通院の状況などを聞いた後にお巡りさん曰く「体に傷もなく、部屋を見ればいかに大事にさ

れていたかわかります、事件性はないことを診断する医師にも伝えますので葬儀の準備を始めて結構です」とのことであった。やがて瀬川医師が来てお巡りさんと立ち話して出てきて死因は心筋梗塞とのこと。

　10時半頃に死亡診断書が出来たというので紀司に瀬川病院へ取りに行ってもらい、利子さんに隣組へ父正市の死の連絡を頼む。

　父の弟妹の所に電話連絡し、親戚にも連絡する。けい子が農協に葬儀関係で頼みたいと電話連絡して、農協職員が来てくれて着物を着せてくれてちゃんと寝かせてくれる。

　利子さん、じゅんこさん、君代さんが仁義に来てくれて、夕方の5時に近所の人が来てくれることになる。小江川、中尾、松山、西方、一の入り、伸夫さん、晧介さん、武井さんも来てくれる。

　そのあと私と紀司でお寺に行き、住職の奥さんと通夜、葬儀などの打ち合わせ、住職の都合は16日、17日、18日とも大丈夫とのこと。

　午後1時40分ころに農協の増田さんがきて、葬儀の段取りなどの打ち合わせをする。斎場の焼き釜を確認してもらったところ、17日の9時30分からの1番釜が空いているとのことで、おさえてもらった。お寺との連絡もしてもらって、日程表を作ってもらう。

　大塚十三雄さんも、中島保男さんも挨拶に来てくれた。

平成25年1月16日（水）晴れ

　朝8時頃、安藤光男さん来て、死亡診断書を役場に提出してくれた。

　多紀、綾乃も来た。塚本智雄さん、飯島嘉子さん、挨拶に来てくれた。

　午後3時頃よりみんながきてくれた。

　4時より納棺、良江はぎりぎりで納棺に間に合った。5時に出棺して重輪寺へ。棺を重輪寺に納めて通夜の準備をする。

　6時より通夜、寒い通夜であったがみんなも良く来てくれた。

　荒井忠正社会福祉協議会長、松本県議奥さんに指名焼香をお願いする。

　7時頃からお清めを重輪寺の客殿で行なう。

　司会は安藤幸男さん，献杯は森下住職で8時半ころまで。

平成25年1月17日（木）晴れ午後より風あり。

　午前8時10分、関係者重輪寺集合。

　午前8時15分より重輪寺にて関係者立会いで住職のお経供養して、納棺のときのあんこ餅、お酒に追加して、バナナを入れる。帽子も。みんなで棺をお花で飾って重輪寺を出棺する。

　9時30分より東松山斎場にて火葬。10時40分焼きあがるということで、その間控え室でしのぎをする。

　骨を骨壺に納めて、眞弘の車に眞弘の運転でわたしが写真、けい子が位牌、紀司が骨壺を持って乗り込みお寺に帰る。他の人はマイクロバスで途中からはぐれて別に帰る。11時ちょっと過ぎに重輪寺に帰る。

　午後1時より葬儀、初七日法要も行なう。岩澤町長、奥平力三先生に指名焼香をお願いする。

　葬儀終了後、重輪寺の客殿で本膳（精進落とし）を行なう。

　本膳の合間をみて、弟妹以外の関係者に紙位牌を配る。また、終わりの頃に住職さんの都合を聞き、3月2日（土）に49日を計画したいこと、決まったら後日関係者に知らせることを話す。

　司会は安藤幸男さん，献杯は森下住職で3時半頃まで。

　そのあと弟妹に家によってもらって、感謝するとともに紙位牌を配る。所帯を持った孫までにも配る。

　みんなが帰ったので、塚本智雄さんと嘉子さんのところにお返しを持ってゆく。

　智子は旦那と史規を家においてから来たので他の弟妹とは入れ違いとなる。

　みんなに協力してもらって無事に父の法要が終わる。感謝

病の記録

平成15年 1月1日	風邪のため日赤病院入院
平成19年5月13日	台所の敷居にて転ぶ
平成19年5月21日	遊びハウスにて倒れて日赤病院入院
平成22年6月14日	高熱により日赤病院入院
平成22年10月19日	大腿骨骨折
平成22年10月25日	大腿骨骨折手術
平成22年11月10日	退院

父の日記（昭和32年）

大正9年2月21日生まれの父正市は、毎日毎日農作業を中心とした日記をつけていました。

これは、昭和32年の日記のまとめです。その頃の、一年間の農作業の様子がよくわかります。

	1月	2月	3月	4月	5月	6月	7月	8月	9月	10月	11月	12月
1		桑園管理		西方の土とり手伝い	里芋植え、田麦除草	屋根屋来る	小麦刈り	麦っから干し、陸稲除草	蚕掃立準備	蚕上族	上土橋さつま芋掘り沖縄	田麦中耕
2		山仕事			下肥出し、節句餅つき	田麦中耕	屋根屋来る	小麦刈り、裸麦干し上る	陸稲除草中耕、除草、しきわら	晩秋蚕掃立	蚕上族	大麦まき始まる	籾摺り
3			水田の土とり『しきぬき』		裸麦中耕、蚕室清掃	蚕屋片付け、えんだいだし	小麦脱穀	陸稲除草中耕、除草、しきわら	小豆こぎとりもぎ	蚕上族終る	上土橋裸麦まき	
4	支部総会	薬加工準備	水田の土とり『庭突用』		早朝霜避け火を燃やす	裸麦、大麦刈り	小麦脱穀	蚕簇洗い、さつま除草	桓ぽとりもぎ、甘藷床片付け	むしろ洗い、垣根整備	上橋、裸麦まき、さつま掘り	夕方籾摺り
5	セチ	太縄製造	筵織り	桑肥料会社見学	俵つくり	桑園中耕	小麦脱穀終わる	さつま除草、桑追肥中耕	畑除草、むしろ洗い	蒟蒻玉ほり、ほうれん草蒔く	岩桜沢甘藷掘り	籾摺り終わる、俵造り
6	山入り 木の葉はき	小縄製造（一玉）	牛、ヤギ、豚舎清掃	麦土入れ	春蚕掃き立て	麦片付、陸稲除草	さつま小豆除草、麦検査	蚕桑づく	柏木沼魚つり大会	畑耕起	米検査15俵
7	七草 お炊き上げ	小縄製造（一玉）	俵作り	田麦除草	桑給4回		小麦干し上る、俵造り	小豆除草作業	蚕裏取り、網抜き等	蚕屋裏の垣根整備	長峰沢小麦まき	農休み
8	シルク関係新年会準備	筵織り2枚	土取り、俵作り		桑給4回、籾種洗う	蚕上族始まる	麦検査、陸稲除草追肥	桑切り		上土橋空地根すぐ	稲刈り、大豆干し	農休み
9	清さん婚姻	桑株整理	筵織り		苗代くろぬり、荒代搔	蚕上族	田打車除草 ジャガイモほり	桑つみ、すぐり、さつま除草	蚕桑づく、給桑4回	秋季慰霊祭	稲刈り、もち稲上げ	農休み
10	シルク関係新年会準備	筵織り3枚	桑株掘り取り	田畑麦土入れ、桑切り	苗代代搔仕上げ	蚕上族終わる	田打車除草	カボチャ棚上げ		繭かき、むしろ洗い	稲刈り	農休み、桑園中耕
11	シルク関係新年会	筵織り 子牛売2万円		野菜種まき	薮谷沼工事終わる	大麦裸麦上げ	さつまうえ、田打車除草	柏木沼つり、さつま除草		繭かき、蚕具洗い	稲刈り	桑園中耕
12	山の枯れ枝かき	桑株整理	道路普請	桑園中耕 阿弥陀様	蚕室購、苗代たんじゃくぬり	大麦脱穀	田打車除草	桑つみ等	小縄ない	陸稲刈り	稲刈り	桑園中耕
13	山の枯れ枝かき	桑苗植える	水田の土とり終わる	桑園中耕	苗代畑振り、俵つくり	裸麦刈り	ガッチャンポンプス	蚕座の拡座		小豆とり	稲刈り終わる、田麦準備	桑園中耕
14	小正月ものつくり	麦追肥、土入れ	庭突き終わる	桑園中耕	包俵検査38俵	裸麦上げ	井戸の蓋作り	桑取り	小縄ない	小豆とり	さつまいも出荷18俵、運搬3俵	桑園中耕
15	小正月学校で品評会	麦追肥、麦踏み	馬鈴薯植付準備			裸麦堆る さつま芋植付		桑取り	包俵つくり始める	小豆とり	田麦まき準備	
16	牛、ヤギ、豚舎清掃	桑株整理、麦追肥、麦踏み	馬鈴薯植付（田）	田耕起	桑4回、籾り、苗代目干し	大麦脱穀終る、繭かき	田畑とり、小麦干し	桑取り、蚕上族		包俵つくり	田麦まき始まる	麦さくきり、麦踏み
17	下肥だし、寺の総会	麦追肥、土入れ			さつま植え	繭かき終る	桑園除草中耕、	蚕上族		溝上げ、麦まき準備	麦中耕、麦踏み、木の葉はき
18	下肥だし、麦踏み	田麦中耕、七中工事人夫	春季道普請	田耕起、苗代2耕	蚕桑づく	繭出荷	桑園中耕、水稲共同消毒	蚕上族		蚕裏取り、石灰入れ	田もち脱穀、田麦準備	田麦中耕
19	木の葉はき	田麦中耕			2階にえんだい出す	繭出荷、梅とり、裸脱穀	桑園除草中耕	蚕上族終る。白菜蒔き	皇太子殿下来村	秋の祭典	麦まき準備、田麦まき	田麦中耕
20		田麦中耕	馬鈴薯植付（畑）	田の馬鈴薯除草		裸麦脱穀	小豆等除草中耕	蚕こも抜き、桑園の除草		大豆とり、麦種洗い	田麦まき終わる	木の葉はき
21	木の葉はき	七中落成式	麦土入れ		えんだい出す、桑すぐり	裸麦脱穀終、小麦刈り	小豆等除草中耕	大根植付地耕す		上土橋陸稲刈り、俵造り	稲脱穀はじめる	木の葉はき
22	木の葉はき	田麦中耕	麦土入れ、甘藷床作り	筵織り	えんだい出す、桑すぐり終る	田麦、小豆、ねぎ、甘藷植	田草とり	大根蒔き、ささげ、小豆取り	2階に蚕だす（6台）	上土橋陸稲刈り、大豆打ち	稲脱穀、もち籾摺り	木の葉はき
23	木の葉はき	田麦追肥、土入れ、中耕		上の井戸かえ	西下の桑植え、カボチャ植	田2耕、代搔き	田草とり	繭かき	1階に蚕だす（5台）	溝刈り、陸稲上げ	稲あげ	木の葉はき
24	木の葉はき	やまし、畑の除草		俵あみ	陸稲蒔き	代搔き、苗取り	夏祭り	繭かき 熊谷花火大会	肥返し	陸稲脱穀、田もち稲刈り	稲脱穀、稲あげ	木の葉はき
25	山の枯れ枝かき	松の木の皮むき		味噌たき	ささげ、小豆、大豆、木綿まく	苗開き 小麦刈り	夏祭り	繭出荷、裸麦の片づけ	桑取り、蚕裏取り	田もち稲刈り	稲脱穀、稲あげ	木の葉はき
26	山の枯れ枝かき	苗代耕起、牛の種付け	木の葉はき西方の山	味噌たき	落花生、とうもろこし蒔き	小麦刈り	夏祭り、蚕室消毒	ささげ、小豆もぎ	改良族洗う	おささま	稲あげ終わる	煤取り、壁塗り
27	山の枯れ枝かき	畑、田の耕起	柏木沼工事落成式	蚕屋の煤取り	くろぬり、田耕終る	田草とり、蚕室つくり	蚕室造り、蚕具洗い	蚕裏取り、堆肥施返し		稲脱穀	木の葉はき
28	山仕事の片付け		西方の土とり手伝い	煤とり、蚕室造り	堆肥だし	くろぬり 苗とり、代搔き	田草とり、初秋蚕掃立	迎え盆	族洗い、給桑3回	陸稲刈りあと掘る	籾摺り	木の葉はき
29	桑株整理		甘藷床伏せ込み	蚕具洗い	板かご修理	田植え渡し	麦全部干しあがる			上土橋さつま芋掘り	稲脱穀おわる	木の葉はき終わる
30	堆肥、桑肥施す		榛名行き	蚕室消毒	板かご修理	田植え終わる	麦っから干し豆束		蚕上樹はじめ	溝あげ	籾摺り	もちつき
31	堆肥、桑肥施す		榛名行き		蚕室屋根修理、桑すぐり		蚕室資材共同消毒			上土橋さつま芋掘り農林		大晦日

◎ おまけ　映画の中に過去の努力が蘇ります

嵐山町の農業振興の様子を8ミリ映画に下記の15巻まとめました。撮影期間は昭和46年から平成4年までの22年間のことですが、嵐山町の農家の方々の農業近代化のために取り組んだ努力の様子が、動画として今に蘇ってきます。映写会もできます。またDVDビデオテープにも複写してあります。興味のある方はご連絡を。

フイルム番号	題　名（撮影場所）	撮影期間（映写時間）	内　容
NO1	七郷北部の米つくり、麦つくり（嵐山町古里・吉田）	昭和46～54年（27分10秒）	七郷北部土地改良区内の農業近代化の歴史と米つくり、麦つくりの様子
NO2	新沼下の水田に大豆の花が（嵐山町吉田）	昭和55～58年（23分28秒）	吉田地区の圃場整備事業を切っ掛けとして始まったと転作団地の大豆栽培の様子
NO3	生まれ変わった遠山の里（嵐山町遠山）	昭和56～58年（16分7秒）	遠山地区の圃場整備事業と桑園改良造成事業を成功させた関係者の努力の様子
NO4	2年目をむかえた大豆栽培（嵐山町吉田）	昭和58～59年（16分21秒）	吉田地区の2年目をむかえた転作団地の大豆栽培の様子
NO5	藪谷沼下の圃場整備（嵐山町古里）	昭和58～59年（8分42秒）	藪谷沼下 2.3haの圃場整備事業の実施と飼料作物における転作団地の推進の様子
NO6	遠山地区の大豆栽培（嵐山町遠山）	昭和58～59年（8分28秒）	圃場整備事業後の話し合いにより推進された、転作団地の大豆栽培の様子
NO7	稲の地上病害虫防除の始まり（嵐山町古里）	昭和59年（7分55秒）	冷夏やツトムシ等で水稲作の不作が続いたため、古里地区で稲の地上病害虫防除を始めた様子
NO8	千手堂生活改善グループ員の活躍（嵐山町千手堂）	昭和58～61年（16分30秒）	グループ員の活躍により養蚕から野菜作りの経営への移行と農産物直売場開設への発展の様子
NO9	薬草栽培の第1一歩（嵐山町勝田）	昭和59～61年（13分33秒）	高倉地域農業集団の活動を通じて新作物として薬草が嵐山町に導入されようとする様子
NO10	千手堂地区の圃場整備事業（嵐山町千手堂）	昭和59～63年（28分14秒）	千手堂地区の水田を中心とした圃場整備事業の実施と農業近代化のあゆみ
NO11	馬内地区の圃場整備事業（嵐山町古里）	昭和58～63年（11分55秒）	古里の御嶽様の前の水田を中心した圃場整備事業の実施と農業近代化のあゆみ
NO12	嵐山南部地区の圃場整備事業（嵐山町鎌形・大蔵）	昭和55～平成3年（39分14秒）	鎌形・大蔵地区の水田と畑地の圃場整備事業の実施と農業近代化のあゆみ
NO13	長沼下地区の圃場整備事業（嵐山町勝田）	昭和61～平成2年（17分00秒）	勝田・長沼下地区の水田を中心した圃場整備事業の実施と農業近代化のあゆみ
NO14	北田地区の圃場整備事業（嵐山町古里）	昭和57～平成4年（22分20秒）	嵐山町、江南町、川本町、寄居町と4町にまたがる圃場整備事業の実施と農業近代化のあゆみ
NO15	嵐山中部地区の圃場整備事業（嵐山町吉田～太郎丸）	昭和56～平成3年（30分54秒）	七郷地区の6つの集落を結ぶ水田を中心とした圃場整備事業の実施と農業近代化のあゆみ

あとがき

　明治維新は、それまでの日本の中で如何にあるべきかであった日本人の在り方を、世界の中で如何にあるべきかであるかと大きく変えました。

　でも、日本人の生活の基盤は農林業や漁業の第一次産業であって、地方に残る遊びなども含む伝統文化、生活様式は、変化がありながらも脈々と息づいていました。そして、家族や地域を大事にする心情にも変わらぬものがありました。

　しかし、第二次世界大戦での敗戦で味わったどん底の生活の中から、日本が産業経済大国へと駆け上がる過程で、従来の価値観の崩壊と生活のリズムに大きな変化が生まれました。住居も、昭和40年代から従来の茅葺屋根の建物から新建材主体の建物に急速に建て替えられ、生活様式、生活観も完全に変わりました。子供の遊びも、大人の遊びも、いろいろな年中行事も、仕事をするやり方までも１８０度と言われるほどの変化を遂げました。

　そこで、初めは、消えて行く子供の頃の遊びを懐かしむ気持ちで書き始めたのですが、書き始めてみると、まだまだ戦前の流れと雰囲気が其処ここに残っていた昭和20年代後半から30年代を、敏感なる子供の頃に過ごした者として、その頃に知ったこと、その当時の生活の事柄を活字にしてまとめておく必要性を感じるようになりました。完全に忘れ去る前に。

　それから６年、記憶が定まりきれずに「だったと思う」と書かざるをえないところも多々有りますが、疑問に感じる所は真実を追求してその都度書き直しました。まだまだ推測を挟まざるをえない箇所もあります。しかし、それは訂正するのは次のことにして、我家に残る年中行事も加えながら、ここに100話あまりの小話をまとめる事ができました。

　この小冊子を通じて、昭和20年代中頃から30年代までの頃の、私が子供の目で見て感じた農家の生活の香りを、少しでも嗅いでいただければ幸いです。

　そして、本書の発刊に際して、いつも仕事や柔道などでお世話になっております嵐山町長の岩澤勝氏、埼玉県柔道連盟副会長の奥平力三先生、また、嵐山町博物誌に深く関わっておりました稲田滋夫氏にも多大なご尽力を賜りました。心より感謝申しあげます。

発行にあたって

　光陰矢のごとし、昭和49年12月17日に七郷中学校の体育館で、七郷に柔道会を発足させてから延べ400名余りの会員と共に40年となりました。

　あっと言う間の40年でしたが、この「よもやま話」の中で培った想いと心を、柔道会の活動を通じて子供達に伝えることも私の仕事なのだといつも思ってきました。

　そして、柔道会発足40周年の記念として、私の子供の頃のことを中心に纏めた「よもやま話」を発行することが出来ました。

　6年前頃よりボチボチ書き始めたので、小話によっては対比すべき事柄の変化もあり不思議に感じられる所があるやも知れません。

　しかし、ひとつひとつの小話として、また、自分の思い出と重ね合わせて楽しんでいただければ幸いです。

　　　　　大塚　基氏
　　　　　　　住所　埼玉県比企郡嵐山町大字古里444
　　　　　　　電話　0493-62-5232

ふるさと一〇八話
ふるさとのよもやま話

2015年5月15日　初版第一刷発行
2015年9月30日　初版第二刷発行

著　者　大塚　基氏
発行者　山本　正史
印　刷　株式会社わかば
発行所　まつやま書房
　　　　〒355－0017　埼玉県東松山市松葉町3－2－5
　　　　Tel.0493－22－4162　Fax.0493－22－4460
　　　　郵便振替　00190－3－70394
　　　　URL:http://www.matsuyama－syobou.com/

©MOTOJI OTSUKA
ISBN 978-4-89623-093-2　C0025
著者・出版社に無断で、この本の内容を転載・コピー・写真絵画その他これに準ずるものに利用することは著作権法に違反します。乱丁・落丁本はお取り替えいたします。
定価はカバー・表紙に印刷してあります。